Gut und Böse

Leonhard Stein, geboren 1982 in Heidelberg, ist das Pseudonym eines Philosophen, der sich intensiv mit den Wechselwirkungen von Moral, Macht und individueller Freiheit auseinandersetzt. Nach seinem Studium der Philosophie und Religionswissenschaften in Heidelberg und Berlin promovierte er über die moralischen Mechanismen religiöser Institutionen. Sein Debütwerk *"Gut und Böse: Macht und moralische Konflikte unserer Zeit"* verbindet historische Analysen mit philosophischen Reflexionen und persönlicher Erzählkunst. Stein bleibt öffentlich anonym, zieht jedoch durch seine Schriften eine breite Leserschaft in den Bann. Seine Arbeiten regen dazu an, moralische Überzeugungen zu hinterfragen und Verantwortung neu zu denken.

Über das Buch:

Gut und Böse – Macht und moralische Konflikte unserer Zeit ist eine faszinierende Reise in die verborgenen Mechanismen, die unsere moralischen Überzeugungen formen und lenken. Der Autor Leonhard Stein entführt uns in die Welt von Jonas Gabriel Falkner, einem jungen Philosophen, der die Lehren seiner streng religiösen Erziehung hinterfragt und den Ursprung der Moral entschlüsseln will.

Mit brillanter Präzision und literarischer Tiefe beleuchtet Stein die unsichtbaren Fäden, die Moral und Macht miteinander verweben. Ob in religiösen Dogmen, politischen Ideologien oder sozialen Normen – Moral erweist sich als ebenso verbindendes wie kontrollierendes Element.

Dabei stellt das Buch die zentrale Frage: Ist Moral ein Kompass, der uns Orientierung gibt, oder ein unsichtbares Netz, das unsere Freiheit einschränkt? Stein verbindet historische Analysen, persönliche Schicksale und philosophische Reflexionen zu einem Werk, das gleichermaßen herausfordert und inspiriert.

Für Leserinnen und Leser, die bereit sind, über das Offensichtliche hinauszudenken und die moralischen Konflikte unserer Zeit neu zu betrachten, ist dieses Buch ein unverzichtbarer Begleiter.

GUT UND BÖSE

Macht und moralische Konflikte unserer Zeit

Von
Leonhard Stein

TOPPBOOK Wissen

Bibliografische Information der Deutschen Nationalbibliothek:
Die Deutsche Nationalbibliothek verzeichnet diese Publikation in der
Deutschen Nationalbibliografie; detaillierte bibliografische Daten
sind im Internet über dnb.dnb.de abrufbar

Verlag: BoD · Books on Demand GmbH, In de Tarpen, 22848 Norderstedt
Druck: Libri Plureos GmbH, Friedrichsallee 273, 22763 Hamburg

ISBN: 978-3-7693-1760-2

Inhaltsverzeichnis

*Der Diskurs über Moral ist nie abgeschlossen.
Lesen Sie, denken Sie nach, diskutieren Sie –
und tragen Sie dazu bei,
die moralischen Herausforderungen unserer Zeit zu bewältigen.*

Vorwort

Das vorliegende Werk, *"Gut und Böse – Macht und moralische Konflikte unserer Zeit"* von Leonhard Stein, nimmt den Leser mit auf eine tiefgreifende Erkundung der moralischen Landschaft unserer Gesellschaft. Die zentrale Frage des Buches lautet: **Was ist Moral? Ein Leitstern oder eine Kette?** Diese provokative Frage eröffnet eine Reise durch historische, kulturelle und individuelle Dimensionen des menschlichen Strebens nach einem sinnvollen Leben.

Stein zeichnet ein Bild von Moral, das sowohl als Werkzeug der Kontrolle als auch der Orientierung dient. Er entblößt die Mechanismen religiöser, sozialer und politischer Strukturen, die Moral für eigene Zwecke formen und dabei die Autonomie des Einzelnen herausfordern. Gleichzeitig untersucht er die psychologischen Auswirkungen von Schuld und Scham, die den Menschen oft unsichtbar lenken. Die Reflexionen des Protagonisten Jonas Gabriel Falkner bilden dabei den roten Faden des Buches und verleihen den theoretischen Überlegungen eine persönliche Dimension.

Das Werk brilliert nicht nur durch die philosophische Tiefe, sondern auch durch die literarische Qualität. Der Autor verwebt die Erzählung von Jonas' innerem Kampf mit philosophischen Theorien und historischen Kontexten. Von den Anfängen der Moral in Stammesgesellschaften über religiöse Dogmen bis hin zu modernen ethischen Debatten – jede Phase wird präzise analysiert. Besonders eindrucksvoll ist die Untersuchung der Verbindung von Moral und Macht, die zeigt, wie moralische Normen eingesetzt werden, um bestehende Machtstrukturen zu festigen oder zu hinterfragen.

Stein lässt keinen Raum für einfache Antworten. Stattdessen fordert er seine Leser auf, ihre eigenen Überzeugungen zu hinterfragen und die Rolle von Moral in ihrem Leben neu zu bewerten. Dieses Buch ist kein Leitfaden, sondern eine Einladung zur Reflexion – ein intellektueller Dialog, der den Leser dazu anregt, aktiv an der Gestaltung einer freieren, verantwortungsbewussten Moral teilzunehmen.

Für Leser, die bereit sind, sich auf die unbequemen Fragen des Lebens einzulassen, bietet *"Gut und Böse"* eine einzigartige Gelegenheit, die unsichtbaren Fäden zu entdecken, die unsere Entscheidungen lenken. Es ist ein Buch, das nicht nur gelesen, sondern durchdacht, diskutiert und weitergedacht werden will.

Möge dieses Werk seinen Platz in der Tradition großer moralphilosophischer Diskussionen finden und dabei helfen, die moralischen Herausforderungen unserer Zeit mit offenem Geist und kritischem Denken zu bewältigen.

Der Herausgeber

Einleitung: Die unsichtbaren Fäden der Moral

Die Welt, in der Jonas Gabriel Falkner aufwuchs, schien klar in Gut und Böse unterteilt. Es gab Gebote, die man befolgte, und Sünden, die man tunlichst vermied. Jonas war das Kind eines streng religiösen Elternhauses, in dem die Worte der Heiligen Schrift nicht nur Orientierung boten, sondern Gesetz waren. „Moral ist der Kompass des Lebens", pflegte sein Vater zu sagen, während er die schweren Holzperlen seines Rosenkranzes durch seine Finger gleiten ließ. Doch schon in jungen Jahren spürte Jonas, dass hinter diesem Kompass eine unsichtbare Hand steckte, die die Nadel bewusst in eine bestimmte Richtung drehte.

Nun, mit Mitte zwanzig, saß er in einem Seminarraum der philosophischen Fakultät und lauschte den Ausführungen seines Professors. „Wer bestimmt, was moralisch ist?", fragte dieser in den Raum, während seine Worte wie Kieselsteine über die Oberfläche eines stillen Sees sprangen. Jonas, der sonst eher schweigsam war, spürte eine innere Regung. Es war eine Frage, die ihn seit Jahren beschäftigte, auch wenn er sich ihrer Tragweite bis dahin nicht bewusst war.

Der Seminarraum war hell erleuchtet, doch Jonas fühlte, wie sich eine Schattenzone in seinem Denken auftat – eine Zone voller unbequemer Fragen. War die Moral, die ihm als göttlich eingeprägt worden war, wirklich universell? Oder diente sie einem Zweck, der über die reine Orientierung hinausging? Während der Professor weiterhin die philosophischen Positionen von Aristoteles, Kant und Nietzsche umriss, dämmerte es Jonas, dass die Moral, die er als Fundament seines Lebens betrachtet hatte, vielleicht mehr über Macht als über Wahrheit aussagte.

Die Reise zu den unsichtbaren Fäden

Die Idee für seine Abschlussarbeit nahm in diesem Seminar Gestalt an. Jonas beschloss, die Mechanismen der moralischen Kontrolle religiöser Institutionen zu untersuchen – nicht aus Hass oder

Ablehnung, sondern aus einem brennenden Bedürfnis nach Verstehen. Wie konnte es sein, dass ganze Gemeinschaften seit Jahrhunderten durch moralische Gebote gelenkt wurden, ohne dass ihre Herkunft und Funktion je infrage gestellt worden waren?

Seine Forschung führte ihn an unerwartete Orte: Er sprach mit Geistlichen, die ihm die Reinheit der göttlichen Gebote versicherten, mit Religionskritikern, die Moral als Instrument zur Unterdrückung entlarvten, und mit Menschen wie Klara, einer ehemaligen Angehörigen einer fundamentalistischen Glaubensgemeinschaft, die durch ihren Austritt nicht nur ihren Glauben, sondern auch ihre Familie verloren hatte.

„Moral ist ein Käfig", sagte Klara bei einem ihrer Gespräche, „und das Tragische ist, dass man den Käfig nicht sieht, weil man ihn für ein Zuhause hält." Diese Worte hallten in Jonas' Gedanken nach. Er begann zu verstehen, dass Moral mehr war als eine Reihe von Regeln. Sie war ein unsichtbares Netz, das Menschen miteinander verband, aber auch band. Sie war der unsichtbare Faden, an dem die Puppen einer Glaubensgemeinschaft geführt wurden.

Die zentrale Frage

Jonas entschloss sich, seine Untersuchung in Form eines fiktiven Essays zu verfassen, der seine eigenen Erfahrungen, philosophische Reflexionen und die Geschichten, die er gehört hatte, miteinander verwob. Dabei stellte er eine einfache, aber unbequeme Frage ins Zentrum:

Was ist Moral wirklich – ein Leitstern oder eine Kette?

Er wusste, dass diese Reise nicht nur intellektueller Natur war. Sie würde ihn auch dazu zwingen, seine eigene Kindheit, seine Glaubenswurzeln und die Werte, die er einst für unumstößlich hielt, zu hinterfragen. Es war eine Reise, die mit Unsicherheit begann, aber vielleicht in einer Form von Freiheit enden würde, die er sich bisher nicht hatte vorstellen können.

Kapitel 1: Die Ursprünge der Moral

Der Seminarraum war erfüllt von einem leisen Murmeln, als der Professor an die Tafel trat und mit einer schnellen Bewegung das Wort „Moral" in großen Buchstaben schrieb. „Bevor wir über Moral sprechen können, müssen wir verstehen, woher sie kommt", begann er. „Ist Moral eine göttliche Eingebung, eine Erfindung der Menschen oder etwas, das sich aus der Evolution ergibt?"

Jonas notierte die Frage in seinem Notizbuch, obwohl sie ihm längst vertraut war. Seine eigene Kindheit hatte ihn gelehrt, Moral als ein unverrückbares Gesetz zu betrachten, das von Gott selbst gegeben wurde. Doch je mehr er sich mit Philosophie beschäftigte, desto mehr wurde ihm klar, dass diese Sichtweise nicht die einzige war – und vielleicht auch nicht die beste.

Der Professor fuhr fort: „Viele frühe Gesellschaften entwickelten moralische Normen als Antwort auf die Notwendigkeit, in Gruppen zusammenzuleben. In kleinen Stämmen waren Regeln wie ‚Töte nicht' oder ‚Teile deine Nahrung' überlebenswichtig. Ohne diese Regeln hätte es Chaos gegeben. Doch als Religion ins Spiel kam, wurden diese Regeln auf eine andere Ebene gehoben."

Die Verschmelzung von Religion und Moral

„Schauen Sie sich die frühen Hochkulturen an", sagte der Professor, während er die Tafel mit Namen wie „Ägypten", „Mesopotamien" und „Induskultur" füllte. „Hier sehen wir, wie Moral mit religiösen Vorstellungen verschmolzen ist. Die Götter wurden zu den Hütern der Moral. Wer die Regeln brach, beleidigte nicht nur die Gemeinschaft, sondern auch die Götter."

Jonas dachte an die Zehn Gebote, die er als Kind in der Sonntagsschule auswendig lernen musste. Es war eine klare Liste von Anweisungen, was man tun und lassen sollte – ein göttlicher Kodex, der absoluten Gehorsam verlangte. Aber warum mussten diese Regeln als „von Gott gegeben" dargestellt werden? Warum konnte eine Gemeinschaft nicht einfach selbst entscheiden, was gut und richtig war?

„Die Antwort liegt in der Macht", erklärte der Professor, als hätte er Jonas' Gedanken gelesen. „Wenn Moral mit göttlicher Autorität versehen wird, wird sie unangreifbar. Wer könnte schließlich Gott widersprechen?"

Jonas' erste Erkenntnis

In der Pause sprach Jonas mit einem Kommilitonen, der ihm eine andere Perspektive aufzeigte. „Ich finde das faszinierend", sagte Miriam, eine Studentin der Religionswissenschaften. „Moral wurde in frühen Kulturen nicht nur dazu genutzt, das Überleben zu sichern, sondern auch, um Macht zu stabilisieren. Wenn ein Priester oder König behauptet, die Götter hätten ihm die Regeln offenbart, dann legitimiert das seine Herrschaft."

Jonas nickte, während er an seinen Kaffee nippte. „Das ergibt Sinn", sagte er. „Aber was bedeutet das für uns heute? Haben wir uns nicht weiterentwickelt?"

Miriam lachte. „Vielleicht. Aber schau dich um. Moral wird immer noch als Werkzeug benutzt – in Religion, Politik, sogar in der Werbung. Sie wollen nicht, dass du kritisch nachdenkst. Sie wollen, dass du folgst."

Dieser Gedanke ließ Jonas nicht mehr los. Er beschloss, tiefer in die Ursprünge der Moral einzutauchen, um besser zu verstehen, wie sie sich im Laufe der Geschichte entwickelt hatte. Er wollte wissen, wann und warum Moral zu einem Werkzeug der Kontrolle wurde.

Ein Blick in die Geschichte

Jonas begann seine Recherche mit den ältesten bekannten Gesetzestexten der Menschheit. Der Codex Hammurapi, ein babylonisches Gesetzbuch aus dem 18. Jahrhundert v. Chr., faszinierte ihn besonders. „Wenn ein Mann ein Auge verletzt, soll ihm ein Auge genommen werden", lautete eine der berühmtesten Regeln. Es war ein System von Vergeltung und Gerechtigkeit, das sowohl der Gemeinschaft diente als auch die Macht des Königs festigte.

Noch deutlicher wurde dies im Alten Testament. Die Zehn Gebote präsentierten sich nicht nur als praktische Regeln für ein geordnetes Zusammenleben, sondern als direkte Anweisungen Gottes. „Du sollst keine anderen Götter neben mir haben" war weniger eine moralische Weisung als eine Aufforderung zur Loyalität gegenüber der Religion und ihren Anführern.

Jonas bemerkte, wie tief diese frühen Gesetze in die Strukturen der Macht eingebettet waren. Moral war kein neutrales Konzept – sie war ein Werkzeug, das je nach Bedarf eingesetzt werden konnte. Die Frage, wer über Moral entschied, war auch die Frage, wer die Kontrolle innehatte.

Die Evolution der Moral

Doch war Moral immer religiös begründet? Jonas stieß auf die Theorien moderner Anthropologen, die argumentierten, dass Moral ursprünglich aus biologischen und sozialen Notwendigkeiten hervorging. In den Werken von Frans de Waal, einem Verhaltensforscher, las er, dass auch Primaten Formen von Moral zeigten – etwa Fairness und Empathie. War Moral also älter als Religion?

Diese Idee faszinierte Jonas. Wenn Moral unabhängig von Religion existieren konnte, warum bestand dann der Drang, sie mit göttlicher Autorität zu verknüpfen? Die Antwort schien wieder bei der Macht zu liegen. Religion gab Moral eine übermenschliche Legitimität – eine, die kaum hinterfragt werden konnte.

Ein persönlicher Rückblick

Während Jonas diese Theorien studierte, dachte er an seine eigene Kindheit zurück. Sein Vater hatte oft gesagt, dass Moral ohne Gott keinen Sinn habe. „Wenn es keinen Himmel und keine Hölle gibt, warum sollte man sich dann an Regeln halten?", hatte er gefragt. Jonas verstand jetzt, dass diese Logik nicht nur seine Familie prägte, sondern auch die Gesellschaft als Ganzes.

Doch war das wirklich so? War es nicht möglich, aus eigenem Antrieb gut zu handeln – ohne die Aussicht auf Belohnung oder die Angst vor Bestrafung? Jonas wollte diese Frage im nächsten Schritt beantworten.

Jonas wusste, dass er, um die Verbindung von Moral und Kontrolle wirklich zu verstehen, die Rolle der göttlichen Autorität genauer betrachten musste. Was passierte, wenn moralische Normen direkt mit einer höheren Macht verknüpft wurden?

Kapitel 2: Moral und göttliche Autorität

Der Gedanke ließ Jonas Gabriel Falkner nicht los: Warum war es so wirkungsvoll, Moral mit göttlicher Autorität zu verbinden? Er saß in der Bibliothek, umgeben von Stapeln religiöser Texte, theologischer Abhandlungen und philosophischer Werke. Die Worte auf den Seiten schienen zu flüstern: „Gehorche, folge, glaube." Jonas konnte nicht anders, als darüber nachzudenken, wie tief diese Botschaften in die menschliche Psyche eingewoben waren.

Sein Blick blieb an einem Satz in der Bibel hängen: „Denn ich bin der Herr, dein Gott, ein eifernder Gott." (2. Mose 20:5). Es war die Stimme eines Gottes, der absolute Treue verlangte. Ähnliche Botschaften fand Jonas im Koran und in den Schriften hinduistischer und buddhistischer Traditionen. Die religiösen Texte präsentierten Moral nicht als optional, sondern als absoluten Befehl. Und dieser Befehl kam von einer unantastbaren, göttlichen Autorität.

Das Paradox der göttlichen Moral

Jonas erinnerte sich an ein Gespräch mit seinem Vater, als er noch ein Kind war. „Warum sind die Gebote so wichtig?", hatte er gefragt. Sein Vater hatte ihn mit einem ernsten Blick bedacht und gesagt: „Weil sie von Gott kommen. Und Gott weiß immer, was richtig ist."

Doch jetzt, Jahre später, erkannte Jonas die Schwäche in dieser Logik. Was bedeutete es, dass Gott „immer recht hatte"? Wenn die Moral ausschließlich durch göttliche Autorität bestimmt wurde, gab es keinen Raum für Diskussion oder Veränderung. Doch konnte etwas wirklich moralisch sein, wenn es nicht hinterfragt werden durfte?

Die Theologen, die Jonas las, verteidigten diese Position vehement. Sie argumentierten, dass moralische Gebote durch ihre göttliche Herkunft objektiv und universell seien. Doch Philosophen wie

Nietzsche stellten genau diese Universalität infrage. Für Nietzsche war die sogenannte „Sklavenmoral" – die von Religionen propagiert wurde – eine Form der Unterwerfung. Sie lehrte Gehorsam, Demut und Schuldgefühle, um die Macht der Autoritäten zu stärken.

Die Macht der Worte

Jonas schrieb in sein Notizbuch: „Moral, die mit göttlicher Autorität verknüpft ist, bietet keinen Raum für Zweifel. Sie verlangt blinden Gehorsam. Doch ist blinder Gehorsam wirklich moralisch?" Diese Frage führte ihn zu einer Passage im Koran, die ihn besonders faszinierte: „Es gibt keinen Zwang im Glauben." (Sure 2:256).

Diese Worte standen im Gegensatz zu den starren Geboten anderer Texte. Sie deuteten darauf hin, dass es zumindest theoretisch Raum für eine freie moralische Entscheidung geben konnte. Doch in der Praxis sah Jonas, wie religiöse Institutionen diese Freiheit oft einschränkten. Sie präsentierten ihre Interpretation der göttlichen Moral als die einzig wahre – und bestraften Abweichungen hart.

Ein Beispiel dafür war der mittelalterliche Ablasshandel der katholischen Kirche. Die Kirche hatte nicht nur festgelegt, was moralisch war, sondern auch, wie Verstöße „erlöst" werden konnten – natürlich gegen Bezahlung. Moral wurde hier zu einer Ware, die von religiösen Autoritäten kontrolliert wurde.

Ein Treffen mit einem Priester

Jonas beschloss, seine Gedanken mit jemandem zu diskutieren, der die göttliche Moral vertrat. Er vereinbarte ein Gespräch mit einem Priester in der örtlichen Kirche, einem Mann namens Pater Benedikt. Der Priester war bekannt für seine leidenschaftlichen Predigten über die göttlichen Gebote und ihre Bedeutung.

„Moral ist der Wille Gottes", erklärte Pater Benedikt, als Jonas ihn nach der Quelle moralischer Gebote fragte. „Sie ist ewig und unveränderlich. Ohne Gott würde die Welt im Chaos versinken."

„Aber was ist mit Menschen, die nicht an Gott glauben?", fragte Jonas. „Können sie nicht auch moralisch handeln?"

Der Priester schüttelte den Kopf. „Ohne Gott fehlt ihnen der wahre Kompass. Ihre Moral ist wie ein Schiff ohne Anker – getrieben von den Wellen ihrer eigenen Launen."

Jonas ließ diese Antwort nicht zufrieden. „Aber was ist, wenn die göttliche Moral falsch interpretiert wird?", entgegnete er. „Die Inquisition, die Kreuzzüge – waren das nicht Beispiele dafür, wie göttliche Gebote missbraucht wurden?"

Pater Benedikt wurde für einen Moment still. „Die Menschen sind fehlbar", sagte er schließlich. „Doch das ändert nichts daran, dass Gottes Wille unveränderlich ist."

Die Spannung zwischen Autorität und Verantwortung

Das Gespräch mit dem Priester bestärkte Jonas in seinem Verdacht: Göttliche Moral bot eine einfache Lösung für komplexe Fragen. Sie übertrug die Verantwortung für moralische Entscheidungen auf eine höhere Macht – und entlastete die Menschen von der Last, selbst nachzudenken.

Doch Jonas fragte sich, ob diese Entlastung nicht gleichzeitig eine Gefahr darstellte. Wenn Menschen nicht selbst über Moral nachdachten, waren sie anfällig für Manipulation. Wer die göttliche Moral kontrollierte, kontrollierte auch die Menschen.

Ein Blick auf die Praxis

Jonas begann, die Auswirkungen göttlicher Moral in der modernen Welt zu untersuchen. Er las von Ländern, in denen religiöse Gesetze über säkularem Recht standen – etwa in einigen Staaten mit Scharia-Gesetzen. Hier wurden moralische Verstöße wie Ehebruch oder Apostasie nicht nur religiös, sondern auch staatlich bestraft.

Er sprach mit Klara, der Frau, die aus einer religiösen Gemeinschaft ausgestoßen worden war. „Sie haben gesagt, ich hätte gegen Gottes Willen gehandelt", erzählte sie. „Aber in Wirklichkeit ging es nur darum, dass ich nicht mehr ihren Regeln folgen wollte."

Klara hatte erkannt, dass die Regeln ihrer Gemeinschaft weniger mit Gott als mit der Macht der Anführer zu tun hatten. „Sie benutzten Gott, um ihre eigenen Interessen durchzusetzen", sagte sie. „Und die meisten Menschen haben es nicht hinterfragt, weil sie Angst hatten."

Jonas sah immer deutlicher, wie die Verbindung zwischen Moral und göttlicher Autorität als Werkzeug der Kontrolle genutzt wurde.

Doch er wollte verstehen, wie diese Kontrolle funktionierte – nicht nur auf institutioneller Ebene, sondern auch in den Köpfen der Menschen.

Kapitel 3: Schuld und Scham – Die inneren Wächter

Jonas Gabriel Falkner saß an seinem Schreibtisch, die Notizbücher seiner bisherigen Recherchen vor sich ausgebreitet. Doch an diesem Abend wanderten seine Gedanken immer wieder zurück in seine Kindheit. Er erinnerte sich an das beklemmende Gefühl, das ihn überkam, wenn er in der Kirche von „Sünde" hörte. Es war nicht die Furcht vor göttlicher Strafe, die ihn am meisten beschäftigte, sondern die Scham, die sich wie eine unsichtbare Last auf seine Schultern legte.

Schuld und Scham, dachte er, waren die inneren Wächter der moralischen Kontrolle. Sie brauchten keine äußeren Ketten, keine sichtbaren Gefängnismauern. Sie waren viel subtiler – und vielleicht gerade deshalb so mächtig.

Die Mechanik der Schuld

In den frühen religiösen Lehren seiner Kindheit war Schuld allgegenwärtig. Sein Vater, ein tief gläubiger Mann, hatte Jonas oft gesagt: „Gott sieht alles." Diese Vorstellung war für Jonas als Kind sowohl faszinierend als auch beängstigend. Es bedeutete, dass keine Tat, kein Gedanke und kein Gefühl verborgen blieb. Selbst wenn niemand zusah, war da immer eine unsichtbare Präsenz, die ihn bewertete.

In der psychologischen Literatur, die Jonas während seiner Recherchen durchforstete, stieß er auf ein Konzept, das ihm vertraut vorkam: Schuld als Form der Selbstkontrolle. Laut Sigmund Freud war Schuld ein zentraler Mechanismus des Über-Ichs, jenes inneren Moralwächters, der aus gesellschaftlichen und familiären Normen geformt wurde. Doch in einem religiösen Kontext ging Schuld über das Psychologische hinaus. Sie wurde zur spirituellen Last, die nur durch Buße oder Vergebung gelöst werden konnte – oft durch Rituale, die von religiösen Autoritäten kontrolliert wurden.

Jonas schrieb in sein Notizbuch: „Schuld ist die unsichtbare Hand, die den Menschen lenkt. Sie braucht keine Ketten, weil sie von innen wirkt."

Scham als soziale Waffe

Wenn Schuld das innere Gefühl war, etwas falsch gemacht zu haben, dann war Scham die nach außen gerichtete Angst, von anderen als moralisch mangelhaft angesehen zu werden. Jonas erinnerte sich an eine Episode aus seiner Jugend, als er während einer Predigt den Fehler gemacht hatte, laut zu gähnen. Die Blicke der anderen Gemeindemitglieder, das leise Tadel seines Vaters – all das hatte ihn tief beschämt.

Doch war Scham wirklich eine individuelle Emotion, fragte sich Jonas, oder war sie ein Mittel der Gemeinschaft, um Konformität zu erzwingen? In religiösen Gemeinschaften, wie Jonas aus seiner Forschung wusste, war Scham oft ein machtvolles Werkzeug. Wer sich nicht an die moralischen Regeln hielt, wurde nicht nur innerlich von Schuld zerfressen, sondern auch äußerlich durch Scham bestraft – sei es durch Ausgrenzung, Verurteilung oder öffentliche Buße.

Jonas dachte an Klara, die Frau, die aus ihrer religiösen Gemeinschaft ausgestoßen worden war. „Sie haben mich nicht nur bestraft", hatte sie ihm erzählt. „Sie haben mich zur Schau gestellt, als Beispiel dafür, was passiert, wenn man die Regeln bricht."

Der religiöse Kreislauf der Schuld

Eine der faszinierendsten Entdeckungen, die Jonas in seiner Forschung machte, war der Kreislauf, den religiöse Institutionen um Schuld herum aufbauten. Ein Gläubiger, der gesündigt hatte, konnte sich nur durch die Rituale der Religion von seiner Schuld befreien – sei es durch Beichte, Buße oder Opfer. Diese Rituale stärkten die Bindung zur Institution, denn nur sie hatte die Macht, Schuld zu lösen.

Jonas dachte an eine katholische Beichte, die er als Kind miterlebt hatte. Der Priester hatte gesagt: „Sage deine Sünden, und dir wird vergeben." Die Einfachheit dieser Aussage beeindruckte ihn damals. Doch jetzt erkannte er die dahinterliegende Dynamik: Schuld wurde nicht gelöst, sondern immer wieder neu erzeugt. Sie war ein ständiger Prozess, der die Gläubigen in einem Kreislauf von Sünde, Reue und Vergebung hielt.

Schuld als Werkzeug der Macht

Jonas fand Parallelen zwischen religiösen Praktiken und weltlichen Machtstrukturen. Auch in säkularen Gesellschaften wurde Schuld genutzt, um Menschen zu kontrollieren – durch Gesetze, Normen und soziale Erwartungen. Doch die religiöse Schuld hatte eine besondere Qualität: Sie war allgegenwärtig und zeitlich unbegrenzt. Sie erstreckte sich nicht nur auf das Diesseits, sondern auch auf das Jenseits.

Er erinnerte sich an eine Diskussion mit einem atheistischen Kommilitonen, der gesagt hatte: „Die größte Errungenschaft der Religion ist es, Menschen für Dinge schuldig zu machen, die sie nicht kontrollieren können." Jonas hatte damals gelacht, doch jetzt sah er die Wahrheit in diesen Worten. Die Erbsünde im Christentum war ein perfektes Beispiel. Sie machte jeden Menschen von Geburt an schuldig – nicht für das, was er getan hatte, sondern für das, was er war.

Die emotionale Dimension von Scham

Um die emotionale Macht von Scham besser zu verstehen, traf Jonas eine Psychologin, die sich mit den Auswirkungen religiöser Scham auf Menschen befasste. „Scham ist eine zutiefst soziale Emotion", erklärte sie. „Sie isoliert den Betroffenen und zwingt ihn, sich der Gruppe anzupassen, um wieder akzeptiert zu werden."

Die Psychologin erzählte ihm von Patienten, die Jahre brauchten, um sich von der Scham zu befreien, die sie durch ihre religiöse Erziehung erfahren hatten. „Die größte Herausforderung", sagte sie, „ist, dass diese Menschen glauben, die Scham sei gerechtfertigt. Sie sehen sie nicht als etwas, das ihnen auferlegt wurde, sondern als etwas, das sie verdienen."

Ein persönlicher Konflikt

Jonas begann, sich mit seiner eigenen Beziehung zu Schuld und Scham auseinanderzusetzen. Hatte er sich jemals wirklich von der Schuld befreit, die ihm als Kind eingeprägt worden war? Oder trug er sie immer noch mit sich herum, in der Art, wie er sich selbst beurteilte, wie er Fehler wahrnahm? Diese Fragen ließen ihn nicht los.

Jonas erkannte, dass Schuld und Scham zwar mächtige Werkzeuge waren, aber nicht isoliert existierten. Sie waren Teil eines größeren Systems, das durch Machtstrukturen aufrechterhalten wurde.

Kapitel 4: Macht und Moral – Wer kontrolliert wen?

Jonas Gabriel Falkner saß in einem kleinen Café, das in der Nähe der Kirche lag, in der er Pater Benedikt getroffen hatte. Die Gespräche, die er in den letzten Wochen geführt hatte, ließen ihn nicht los. Es war deutlich geworden, dass Moral und Macht in religiösen Kontexten untrennbar miteinander verbunden waren. Doch was ihn besonders faszinierte, war die Frage: Wer kontrolliert wen? War es die Religion, die die Menschen kontrollierte, oder waren es die Menschen, die die Religion kontrollierten?

Die Macht der Institution

Jonas begann seine Analyse mit einer einfachen Feststellung: Religionen waren nicht nur spirituelle Gemeinschaften, sondern auch Institutionen mit klaren Machtstrukturen. In der katholischen Kirche etwa reichte die Hierarchie vom einfachen Priester über die Bischöfe bis hin zum Papst. Diese Hierarchie verlieh bestimmten Personen die Autorität, moralische Normen festzulegen und durchzusetzen.

Er erinnerte sich an eine Passage aus Max Webers Theorie der Herrschaft, die er in einem Seminar gelesen hatte: „Die Legitimität der Herrschaft beruht oft auf Tradition oder Charisma." In religiösen Institutionen war es das Charisma der göttlichen Offenbarung, das die Autorität der Führer legitimierte. Wer konnte einem Priester widersprechen, der behauptete, im Namen Gottes zu sprechen?

Doch Jonas fiel auch auf, wie flexibel diese Institutionen ihre Macht ausübten. In einer Dokumentation über die Geschichte der katholischen Kirche hatte er erfahren, wie sich die Kirche im Laufe der Jahrhunderte an wechselnde politische und soziale Bedingungen angepasst hatte. Moralische Gebote wurden nicht selten „neu interpretiert", um die bestehende Macht zu sichern. Was gestern noch als Sünde galt, konnte morgen schon als akzeptabel gelten – vorausgesetzt, es diente den Interessen der Institution.

Ein Gespräch über Kontrolle

Jonas hatte kürzlich einen Termin mit einem Soziologen vereinbart, der sich auf religiöse Machtstrukturen spezialisiert hatte. Professor Tarek war ein charismatischer Mann, der selbst in einer konservativen religiösen Gemeinschaft aufgewachsen war.

„Warum glauben Sie, dass religiöse Institutionen so sehr an der Kontrolle moralischer Normen interessiert sind?", fragte Jonas, nachdem sie ihre Getränke bestellt hatten.

Tarek lächelte und lehnte sich zurück. „Weil Moral das Herzstück der Macht ist. Wenn du kontrollierst, was Menschen für gut und böse halten, kontrollierst du ihre Entscheidungen – und letztlich ihr Leben. Denk darüber nach: Es gibt keine Macht, die größer ist, als die Macht über das Gewissen."

Jonas nickte nachdenklich. „Aber warum akzeptieren die Menschen das so bereitwillig?"

„Weil es Sicherheit gibt", antwortete Tarek. „Die meisten Menschen fürchten sich vor moralischer Unsicherheit. Sie wollen klare Regeln, damit sie wissen, was richtig und falsch ist. Religion bietet diese Regeln – und mehr noch: Sie gibt ihnen einen kosmischen Kontext. Moral ist nicht einfach nur menschlich, sondern göttlich. Und wer würde es wagen, Gott zu hinterfragen?"

Macht durch Angst

Jonas erkannte, dass Angst eine zentrale Rolle bei der Durchsetzung moralischer Kontrolle spielte. Angst vor göttlicher Strafe, Angst vor sozialer Ausgrenzung, Angst davor, als „unmoralisch" angesehen zu werden. Er las von der mittelalterlichen Inquisition, die Ketzer verfolgte und oft mit brutalen Methoden zwang, sich den moralischen Normen der Kirche zu beugen. Die Angst vor Folter und öffentlicher Hinrichtung war ein mächtiges Werkzeug, um Konformität zu erzwingen.

Doch auch in der modernen Welt war die Angst allgegenwärtig. In einigen religiösen Gemeinschaften wurde den Gläubigen beigebracht, dass jede Abweichung von den moralischen Geboten mit ewiger Verdammnis bestraft würde. Diese Angst war so tief verwurzelt, dass sie selbst dann weiterwirkte, wenn Menschen die Gemein-

schaft verließen. Klara, die ehemalige Angehörige einer fundamentalistischen Gruppe, hatte Jonas erzählt, wie schwer es ihr fiel, die
Angst vor göttlicher Bestrafung abzulegen, obwohl sie längst nicht
mehr an diese Lehren glaubte.

Moral als Herrschaftsinstrument

Jonas begann, die Verbindung zwischen Moral und Gehorsam zu
verstehen. Religiöse Gebote waren oft so formuliert, dass sie den
Status quo unterstützten. Gebote wie „Ehre Vater und Mutter" oder
„Unterwirf dich den Autoritäten" waren nicht nur spirituelle
Ratschläge, sondern auch soziale Anweisungen. Sie stärkten beste-
hende Machtstrukturen und verhinderten Rebellion.

Er dachte an ein Beispiel aus der Geschichte: die Unterstützung
der Monarchie durch die Kirche. Könige wurden als von Gott eingesetzt betrachtet, und Gehorsam gegenüber ihnen galt als moralische Pflicht. Jonas fragte sich, wie viele dieser Gebote wirklich auf
göttlichem Willen beruhten – und wie viele schlicht der Sicherung
weltlicher Macht dienten.

Ein modernes Beispiel

Während seiner Recherchen stieß Jonas auf ein modernes Beispiel religiöser Kontrolle: die Rolle von Moral in der Politik. In vielen
Ländern wurden moralische Fragen – etwa Abtreibung, gleichgeschlechtliche Ehe oder Euthanasie – von religiösen Institutionen
stark beeinflusst. Diese Institutionen argumentierten, dass sie die
„göttliche Wahrheit" verträten, und übten Druck auf Politiker aus,
diese Wahrheit in Gesetze zu übersetzen.

Jonas sprach mit einem Abgeordneten, der anonym bleiben
wollte. „Es gibt Themen, bei denen du als Politiker kaum eine Wahl
hast", erklärte dieser. „Wenn du dich gegen die religiöse Moral
stellst, riskierst du, von der Gemeinschaft und den Wählern geäch-
tet zu werden. Es geht nicht nur um Glauben – es geht um Macht."

Die Zerbrechlichkeit der Kontrolle

Doch Jonas bemerkte auch, dass diese Kontrolle nicht unantastbar war. In säkularen Gesellschaften wie seiner eigenen gab es
zunehmend Widerstand gegen die religiöse Einflussnahme. Men-

schen hinterfragten die Absolutheit moralischer Gebote und suchten nach alternativen ethischen Systemen, die nicht auf göttlicher Autorität basierten. Diese Entwicklung war für viele religiöse Institutionen eine Bedrohung – und zugleich ein Hinweis darauf, dass moralische Kontrolle nicht ewig währte.

Jonas begann zu verstehen, dass die Macht religiöser Moral sowohl auf institutioneller Kontrolle als auch auf inneren Mechanismen wie Schuld und Angst beruhte. Doch er wollte tiefer in die soziale Dimension eintauchen: Wie beeinflusste Moral die Ordnung innerhalb von Gemeinschaften? Und welche Rolle spielte sie bei der Aufrechterhaltung sozialer Strukturen?

Kapitel 5: Moral und soziale Ordnung

Jonas Gabriel Falkner beobachtete die Menschen, die an einem kalten Herbstmorgen durch den Park spazierten. Einige schoben Kinderwagen, andere führten Hunde aus oder joggten durch das Laub. Es war ein friedliches Bild, das ihn daran erinnerte, warum Menschen moralische Regeln überhaupt geschaffen hatten: um Zusammenleben zu ermöglichen und Konflikte zu minimieren. Doch seine Forschung hatte ihn gelehrt, dass Moral mehr war als ein Werkzeug der Ordnung – sie war ein System, das Macht, Identität und Zugehörigkeit formte.

Die Funktion von Moral in der Gemeinschaft

Von den frühesten Stammesgesellschaften bis hin zu modernen Nationalstaaten war Moral stets ein Mechanismus, der sozialen Zusammenhalt förderte. Sie definierte, was als akzeptables Verhalten galt, und trennte dadurch „Gute" von „Bösen". Jonas las eine anthropologische Studie über indigene Gemeinschaften, in denen moralische Normen durch mündliche Überlieferung weitergegeben wurden. In solchen Gesellschaften hatte Moral weniger mit Strafe zu tun, sondern diente dem Überleben. „Teile deine Nahrung" und „Töte nicht ohne Grund" waren Regeln, die das kollektive Wohl sicherten.

Doch mit der Entstehung größerer, komplexerer Gemeinschaften wurde Moral institutionalisiert und oft religiös begründet. Diese Verbindung erlaubte es den Herrschenden, moralische Normen nicht nur durch Konsens, sondern durch Autorität durchzusetzen. Jonas schrieb in sein Notizbuch: „Je größer die Gemeinschaft, desto mehr braucht sie externe Mechanismen, um die Ordnung zu wahren. Moral wird dann nicht mehr nur zu einem Werkzeug des Zusammenhalts, sondern auch der Kontrolle."

Die doppelte Natur der Moral

Moral hatte eine ambivalente Funktion, erkannte Jonas. Einerseits förderte sie Kooperation und Vertrauen – zwei Grundlagen jeder stabilen Gesellschaft. Andererseits konnte sie zur Ausgrenzung und Unterdrückung genutzt werden. Wer sich nicht an die moralischen Normen hielt, riskierte, aus der Gemeinschaft ausgeschlossen zu werden. Diese Dynamik war in religiösen Gemeinschaften besonders stark ausgeprägt, wie Klara Jonas berichtet hatte.

„Die Gemeinschaft gibt dir das Gefühl, dass du ein Teil von etwas Größerem bist", hatte Klara gesagt. „Aber dieses Gefühl hat seinen Preis. Du musst dich den Regeln unterwerfen, auch wenn sie keinen Sinn ergeben. Und wenn du das nicht tust, wirst du ausgestoßen."

Diese „innere Ordnung" der Moral, die Loyalität belohnte und Abweichung bestrafte, war ein entscheidender Faktor für den Fortbestand religiöser Gruppen. Jonas erkannte, dass Moral nicht nur definierte, wie Menschen miteinander umgingen, sondern auch, wer als Teil der Gemeinschaft akzeptiert wurde – und wer nicht.

Die Rolle der Rituale

Während seiner Recherche stieß Jonas auf die Bedeutung von Ritualen in der Aufrechterhaltung moralischer Ordnung. Rituale hatten oft eine moralische Komponente, die die Zugehörigkeit zur Gemeinschaft stärkte. Beichte, Fasten oder die Teilnahme an religiösen Festen waren mehr als spirituelle Übungen – sie waren öffentliche Bekundungen moralischer Konformität.

Jonas erinnerte sich an ein Gespräch mit einem ehemaligen Mitglied einer orthodoxen jüdischen Gemeinschaft. „Die Rituale waren alles", hatte dieser gesagt. „Wenn du sie befolgst, bist du ein guter Mensch. Wenn nicht, bist du ein Außenseiter."

Rituale schufen nicht nur eine gemeinsame Identität, sondern verstärkten auch die Macht der Institutionen, die sie kontrollierten. Jonas schrieb: „Rituale sind das sichtbare Gesicht der Moral. Sie zeigen, wer dazugehört – und wer nicht."

Moral als Instrument der Hierarchie

Jonas begann, die moralische Ordnung innerhalb von Gemeinschaften zu analysieren. In vielen religiösen Gruppen waren moralische Normen hierarchisch strukturiert. Die Führer – Priester, Imame, Rabbiner – waren die Hüter der Moral und bestimmten, welche Regeln galten. Diese Hierarchien waren oft durch religiöse Texte legitimiert, die Gehorsam gegenüber Autoritäten forderten.

Er dachte an das biblische Gebot „Ehre deinen Vater und deine Mutter", das nicht nur familiären Gehorsam verlangte, sondern auch die Akzeptanz von Autorität im Allgemeinen förderte. Ähnliche Gebote fand er im Koran und in den hinduistischen Dharma-Lehren, die die Unterordnung unter Kastensysteme rechtfertigten.

Doch Jonas bemerkte auch, dass diese Hierarchien oft soziale Ungleichheit verstärkten. Moralische Gebote wurden nicht immer gleichmäßig auf alle angewandt. Frauen, Kinder und Angehörige niedriger sozialer Schichten mussten sich oft strengeren Regeln unterwerfen als mächtige Männer oder religiöse Führer. Die moralische Ordnung war also auch eine soziale Ordnung, die bestehende Machtverhältnisse festigte.

Moderne Beispiele

Jonas beschloss, sich mit modernen Gesellschaften zu befassen, in denen Moral immer noch eine zentrale Rolle spielte. In einigen Ländern, in denen religiöse Gesetze wie die Scharia angewendet wurden, definierte Moral nicht nur das persönliche Verhalten, sondern auch die gesamte rechtliche Ordnung. Frauen durften oft nicht die gleichen Rechte ausüben wie Männer, und Abweichungen von der moralischen Norm – sei es durch Kleidung, Sexualität oder Glaubensfragen – wurden hart bestraft.

Aber auch in säkularen Gesellschaften war Moral ein mächtiges Werkzeug. Jonas dachte an Debatten über Themen wie Abtreibung oder gleichgeschlechtliche Ehe, in denen religiös geprägte moralische Argumente oft eine zentrale Rolle spielten. Selbst wenn die Gesetze säkular waren, prägte Moral die öffentliche Meinung – und beeinflusste damit politische Entscheidungen.

Das Paradox der sozialen Ordnung

Jonas erkannte, dass Moral sowohl Ordnung schuf als auch Konflikte auslöste. Sie war ein unverzichtbares Werkzeug, um Gemeinschaften zusammenzuhalten, aber sie schuf auch Grenzen und Ausgrenzungen. Dieses Paradox brachte ihn zu einer entscheidenden Frage: War es möglich, eine moralische Ordnung zu schaffen, die sowohl verbindend als auch befreiend war?

Die Rolle der sozialen Ordnung war nur eine Seite der Medaille. Jonas wollte nun untersuchen, wie Moral nicht nur Ordnung schuf, sondern auch Abgrenzungen erzeugte. Wer wurde durch Moral eingeschlossen – und wer ausgeschlossen?

Kapitel 6: Moral als Abgrenzungs- mechanismus

Jonas Gabriel Falkner schloss die Tür seiner Wohnung hinter sich und ließ sich mit einem Stapel Notizen auf das Sofa fallen. Seine bisherigen Recherchen hatten ihn immer wieder zu einem zentralen Punkt geführt: Moral war nicht nur ein Werkzeug der Ordnung, sondern auch ein Mittel der Abgrenzung. Sie definierte, wer zur Gemeinschaft gehörte – und wer nicht.

Während er durch seine Aufzeichnungen blätterte, blieb er an einer Randnotiz hängen, die er während eines Gesprächs mit Klara gemacht hatte: „Moral ist wie eine unsichtbare Mauer." Jonas dachte an diese Worte und erkannte, dass Klara recht hatte. Moral war mehr als eine Reihe von Regeln; sie war eine unsichtbare Grenze, die zwischen „uns" und „den anderen" gezogen wurde.

Moral als Identitätsmerkmal

In den religiösen Gemeinschaften, die Jonas untersucht hatte, diente Moral oft dazu, die Identität der Gruppe zu definieren. „Wir sind die Guten, die Gerechten, die Auserwählten", lautete die implizite Botschaft. Moralische Normen wurden nicht nur als Verhaltensregeln präsentiert, sondern auch als Ausdruck der Gruppenidentität.

Jonas erinnerte sich an eine Diskussion in einem seiner Seminare, in der es um die puritanische Bewegung in den USA ging. Die Puritaner hatten strenge moralische Gebote eingeführt, die nicht nur individuelles Verhalten regelten, sondern auch die Gemeinschaft nach außen abschotteten. „Die Moral war ihr Schutzschild", hatte der Professor gesagt. „Sie definierte, wer zu ihnen gehörte – und wer nicht."

Dieses Prinzip fand Jonas in vielen Religionen wieder. Moralische Gebote waren oft so formuliert, dass sie die Gemeinschaft von anderen Gruppen unterschieden. „Halte den Sabbat heilig", „Esse kein Schweinefleisch", „Bete fünfmal täglich" – solche Regeln schufen nicht nur spirituelle Disziplin, sondern auch soziale Grenzen.

Die Angst vor den „Anderen"

Jonas stieß auf zahlreiche Beispiele, in denen moralische Normen benutzt wurden, um Angst vor Außenseitern zu schüren. In religiösen Texten wurden „die Ungläubigen" oft als moralisch minderwertig dargestellt. Im Alten Testament etwa warnten die Propheten immer wieder vor dem Einfluss fremder Götter und Kulturen. Im Koran wurden diejenigen, die die göttlichen Gebote ablehnten, als „Verlorene" bezeichnet.

Diese Abgrenzung hatte eine klare Funktion, erkannte Jonas: Sie schützte die Gemeinschaft vor Veränderung. Wer die Moral der Gruppe in Frage stellte, wurde als Bedrohung wahrgenommen – nicht nur für die Regeln, sondern für die Identität der Gemeinschaft selbst.

Jonas dachte an ein Gespräch, das er mit einem ehemaligen Mitglied einer ultrakonservativen religiösen Gruppe geführt hatte. „Die größte Angst war, dass wir ,verdorben' werden könnten", hatte dieser erzählt. „Uns wurde gesagt, dass wir jeden Kontakt mit der Außenwelt meiden sollten, weil ,die Welt' unmoralisch sei. Wir waren die Letzten, die die wahre Moral bewahrten."

Moral und Ausgrenzung

Während seiner Recherchen fand Jonas zahlreiche Beispiele, in denen moralische Normen zur Ausgrenzung benutzt wurden. In einigen Gesellschaften wurden Frauen, die gegen moralische Gebote verstießen – sei es durch ihre Kleidung oder ihr Verhalten – als „unrein" gebrandmarkt. Homosexuelle Menschen wurden in vielen religiösen Kontexten als „sündhaft" bezeichnet und von der Gemeinschaft ausgeschlossen.

Jonas erinnerte sich an eine Geschichte, die ihm Klara erzählt hatte. Eine Freundin von ihr war aus der Gemeinschaft ausgeschlossen worden, weil sie sich weigerte, einen von der Gemeinde arrangierten Mann zu heiraten. „Sie haben gesagt, dass sie Gott verraten hat", hatte Klara berichtet. „Aber in Wirklichkeit hatte sie nur ihre eigene Freiheit gewählt."

Diese Geschichten zeigten Jonas, wie tief moralische Normen in die sozialen Strukturen eingebettet waren. Sie dienten nicht nur

dazu, Verhalten zu kontrollieren, sondern auch dazu, Machtverhältnisse aufrechtzuerhalten. Wer gegen die Moral verstieß, stellte
diese Verhältnisse in Frage – und wurde deshalb bestraft.

Das Paradox der Abgrenzung

Jonas erkannte, dass moralische Abgrenzung ein zweischneidiges
Schwert war. Einerseits schuf sie Zusammenhalt innerhalb der
Gemeinschaft. Andererseits führte sie zu Konflikten mit denen, die
anders lebten oder dachten. Dieses Paradox war besonders offen-
sichtlich in pluralistischen Gesellschaften, in denen Menschen mit
unterschiedlichen moralischen Vorstellungen zusammenlebten.

Er dachte an die aktuelle Debatte über religiöse Symbole in
öffentlichen Einrichtungen. Während die einen argumentierten,
dass solche Symbole Ausdruck ihrer moralischen Identität seien,
sahen andere darin eine Form von Ausgrenzung. Jonas schrieb in
sein Notizbuch: „Moralische Abgrenzung ist unvermeidlich. Die
Frage ist nicht, ob sie existiert, sondern wie wir mit ihren Folgen
umgehen."

Ein persönlicher Konflikt

Jonas begann, über seine eigene Erfahrung mit moralischer
Abgrenzung nachzudenken. Als er sich von der religiösen Gemeinschaft seiner Kindheit löste, hatte er das Gefühl, ein Teil von sich
selbst zu verlieren. Die Werte, die ihm einst Sicherheit gegeben hatten, fühlten sich plötzlich wie Fesseln an. Doch ohne diese Werte
war er orientierungslos. Es dauerte Jahre, bis er eine eigene, unab-
hängige Moral entwickeln konnte.

Er fragte sich, ob es möglich war, eine Gemeinschaft zu schaffen,
die moralische Normen hatte, ohne Menschen auszuschließen. War
eine solche Balance überhaupt realistisch? Oder war die Abgrenzung
ein notwendiger Teil jeder moralischen Ordnung?

Jonas beschloss, diese Fragen in einem breiteren Kontext zu
betrachten.

Kapitel 7: Die Freiheit des Einzelnen

Jonas Gabriel Falkner blätterte durch die ersten Entwürfe seiner Seminararbeit. Die Seiten waren voll von Notizen über religiöse Moral, soziale Kontrolle und die Dynamik von Schuld und Scham. Doch eine zentrale Frage war noch unbeantwortet: Wie viel Freiheit blieb dem Einzelnen innerhalb eines moralischen Systems, das auf göttlicher Autorität beruhte? Oder war Freiheit nur eine Illusion, die durch moralische Kontrolle ersetzt wurde?

Diese Gedanken führten ihn in die belebte Fußgängerzone der Stadt, wo er sich unter die Menschen mischte. Hier, im Chaos des modernen Lebens, fand Jonas einen Kontrast zur strengen Ordnung der moralischen Systeme, die er analysiert hatte. Doch war diese scheinbare Freiheit wirklich so grenzenlos, wie sie schien?

Freiheit im Spannungsfeld der Moral

Jonas hatte gelernt, dass Moral in religiösen Kontexten oft als Schutzmechanismus gegen die „Gefahren" individueller Freiheit dargestellt wurde. In einer Predigt, die er vor kurzem besucht hatte, hatte der Priester gesagt: „Freiheit ohne Moral ist Chaos. Die Gebote Gottes sind der Kompass, der uns vor dem moralischen Abgrund bewahrt."

Doch Jonas sah in dieser Aussage ein Paradox: War es wirklich Freiheit, wenn sie durch eine unsichtbare Mauer von moralischen Geboten eingeschränkt wurde? Und wie definierte sich diese Freiheit? War sie die Fähigkeit, Entscheidungen zu treffen, oder war sie die völlige Abwesenheit von Zwängen?

Er erinnerte sich an eine Passage von Jean-Paul Sartre, die er in einer Philosophievorlesung gelesen hatte: „Der Mensch ist zur Freiheit verurteilt." Diese Worte klangen in seinen Gedanken nach. Sie deuteten darauf hin, dass Freiheit nicht immer angenehm war. Sie brachte Verantwortung mit sich – und genau davor, so glaubte Jonas, schützten moralische Systeme ihre Anhänger.

Die Angst vor der Autonomie

Während seiner Recherchen hatte Jonas bemerkt, dass viele religiöse Institutionen Freiheit nicht nur als Gefahr, sondern auch als Last darstellten. Sie betonten, dass die individuelle Entscheidungskraft des Menschen unvollkommen sei und dass moralische Gebote Orientierung und Sicherheit böten.

Klara, die ehemalige Angehörige einer konservativen Glaubensgemeinschaft, hatte dies ebenfalls beschrieben. „Es war einfacher, die Regeln zu befolgen, als selbst Entscheidungen zu treffen", hatte sie gesagt. „Wenn du glaubst, dass jede falsche Entscheidung dich in die Hölle bringen könnte, fühlst du dich gelähmt. Die Regeln waren wie ein Netz, das mich hielt."

Jonas verstand, warum viele Menschen solche Systeme schätzten. Sie nahmen die Last der Verantwortung ab und schufen eine klare Unterscheidung zwischen richtig und falsch. Doch er fragte sich, ob diese Sicherheit nicht einen hohen Preis hatte: die Aufgabe der eigenen Autonomie.

Die Ethik der Verantwortung

Jonas tauchte tiefer in philosophische Werke ein, die sich mit der Spannung zwischen Moral und Freiheit beschäftigten. Besonders beeindruckte ihn die Ethik von Emmanuel Levinas, der argumentierte, dass moralische Verantwortung nicht von äußeren Geboten, sondern von der Begegnung mit dem Anderen herrührte. Für Levinas war die Freiheit des Einzelnen nicht durch göttliche Regeln begrenzt, sondern durch die Verantwortung gegenüber seinen Mitmenschen.

Jonas schrieb in sein Notizbuch: „Vielleicht ist Freiheit keine Abwesenheit von Moral, sondern die Fähigkeit, moralisch zu handeln, ohne gezwungen zu werden." Diese Idee faszinierte ihn. Sie deutete darauf hin, dass wahre Freiheit nicht darin bestand, jede Regel abzulehnen, sondern darin, bewusst Verantwortung zu übernehmen.

Das Dilemma der modernen Moral

Jonas sah jedoch auch, wie schwierig es war, eine moralische Ordnung zu schaffen, die Freiheit und Verantwortung in Einklang brachte. In modernen Gesellschaften, die zunehmend säkular waren, schien diese Balance oft verloren zu gehen. Einerseits gab es den Drang, individuelle Freiheit zu maximieren; andererseits führte dies manchmal zu einem Gefühl moralischer Orientierungslosigkeit.

Er dachte an eine Diskussion, die er vor kurzem mit einer Kommilitonin geführt hatte. Sie hatte gesagt: „Ohne absolute Regeln weiß ich nicht, was richtig ist. Ich will meine Entscheidungen frei treffen, aber manchmal wünschte ich mir, dass jemand mir einfach sagt, was ich tun soll."

Diese Worte brachten Jonas zum Nachdenken. War es möglich, eine Ethik zu entwickeln, die Freiheit und Orientierung verband? Oder war die Spannung zwischen diesen beiden Polen unvermeidlich?

Ein persönlicher Wendepunkt

Jonas begann, über seine eigene Beziehung zur Freiheit nachzudenken. Als er sich von der religiösen Moral seiner Kindheit gelöst hatte, hatte er sich zunächst befreit gefühlt. Doch diese Freiheit war nicht ohne Herausforderungen. Er hatte lernen müssen, Entscheidungen zu treffen, ohne sich auf absolute Regeln zu verlassen. Es war ein Prozess, der ihn oft unsicher gemacht hatte – aber auch stärker.

Er fragte sich, ob Freiheit immer mit Unsicherheit verbunden war. Vielleicht war das der Grund, warum viele Menschen sich an moralische Systeme klammerten. Doch Jonas glaubte, dass diese Unsicherheit auch eine Chance war: die Chance, authentisch zu leben und Verantwortung für die eigenen Entscheidungen zu übernehmen.

Jonas beschloss, sich im nächsten Schritt mit der Möglichkeit einer säkularen Moral zu beschäftigen. War es möglich, eine moralische Ordnung zu schaffen, die ohne göttliche Autorität auskam? Und konnte eine solche Ordnung den Menschen Orientierung bieten, ohne ihre Freiheit einzuschränken?

Kapitel 8: Kann Moral säkular sein?

Jonas Gabriel Falkner saß in einem überfüllten Hörsaal, während ein Gastdozent am Pult über „Säkulare Ethik und die Illusion der göttlichen Moral" sprach. Der Professor war ein charismatischer Mann mit scharfer Rhetorik, der das Publikum mit provokativen Thesen fesselte. „Moral", begann er, „ist keine Erfindung der Religion. Sie ist eine Erfindung des Menschen. Und das bedeutet, dass wir sie gestalten können – ohne göttliche Gebote."

Die Worte des Professors hallten in Jonas' Gedanken nach, als er später durch die Straßen der Stadt lief. War das wirklich möglich? Konnte eine moralische Ordnung existieren, die sich ausschließlich auf menschliche Vernunft und Empathie stützte? Und wenn ja, würde sie den Menschen denselben Halt bieten wie die göttliche Moral, die über Jahrtausende hinweg Kulturen geprägt hatte?

Die Wurzeln säkularer Moral

Jonas begann, sich mit den philosophischen Grundlagen säkularer Moral zu beschäftigen. Schon in der Antike hatten Denker wie Aristoteles eine Ethik entwickelt, die auf Vernunft und menschlichem Wohlergehen basierte. In der „Nikomachischen Ethik" argumentierte Aristoteles, dass moralisches Handeln darauf abziele, ein gutes und erfülltes Leben zu führen – und dass dies unabhängig von göttlichen Geboten möglich sei.

Im 18. Jahrhundert hatte Immanuel Kant eine radikale Idee eingeführt: den kategorischen Imperativ. Nach Kant war Moral universell, aber nicht göttlich. Sie entstand aus der Fähigkeit des Menschen, vernünftig zu denken. „Handle so, dass die Maxime deines Willens jederzeit zugleich als Prinzip einer allgemeinen Gesetzgebung gelten könnte", schrieb Kant. Diese Formel faszinierte Jonas, denn sie gab jedem Einzelnen die Verantwortung, moralische Prinzipien zu formulieren und zu befolgen – ohne auf eine höhere Macht zurückzugreifen.

Jonas notierte in sein Tagebuch: „Säkulare Moral erfordert mehr Verantwortung als religiöse Moral. Sie zwingt uns, selbst darüber nachzudenken, was richtig ist, statt einfach einem vorgegebenen Kodex zu folgen."

Die Rolle der Empathie

Während seiner Recherchen stieß Jonas auf die Werke moderner Humanisten, die argumentierten, dass Empathie die Grundlage einer säkularen Moral sei. Frans de Waal, ein Verhaltensforscher, hatte in seinen Studien gezeigt, dass selbst Tiere wie Affen und Elefanten altruistisches Verhalten zeigten. Empathie, so de Waal, sei kein göttliches Geschenk, sondern eine evolutionäre Eigenschaft, die das Überleben sozialer Gruppen fördere.

Diese Idee beeindruckte Jonas. Wenn Moral aus der Fähigkeit zur Empathie entsprang, dann war sie universell – aber nicht religiös. Er dachte an die vielen ethischen Systeme, die unabhängig von Religion entstanden waren, von den humanistischen Werten der Aufklärung bis hin zu den Prinzipien moderner Demokratien.

Doch Jonas erkannte auch die Herausforderung: Empathie allein konnte nicht alle moralischen Konflikte lösen. Sie war subjektiv und konnte von kulturellen, persönlichen oder situativen Faktoren beeinflusst werden. Brauchte die säkulare Moral nicht dennoch universelle Prinzipien, um Orientierung zu bieten?

Kritik an der säkularen Moral

Jonas wollte auch die Argumente der Kritiker säkularer Moral verstehen. Religiöse Verteidiger wie Pater Benedikt, mit dem er gesprochen hatte, behaupteten oft, dass Moral ohne Gott „relativistisch" werde. „Ohne göttliche Autorität", hatte der Priester gesagt, „gibt es keine absolute Wahrheit. Jeder entscheidet für sich, was richtig ist, und das führt ins Chaos."

Diese Kritik war nicht neu. Schon Nietzsche hatte vor den Konsequenzen des „Todes Gottes" gewarnt. Ohne göttliche Moral, so Nietzsche, würden die Menschen sich selbst als moralische Gesetzgeber einsetzen – eine Verantwortung, auf die sie nicht vorbereitet seien. Jonas verstand die Angst hinter diesen Argumenten: Die Freiheit, moralische Prinzipien selbst zu definieren, konnte überwältigend sein.

Doch Jonas war überzeugt, dass diese Freiheit keine Schwäche, sondern eine Stärke war. Sie bedeutete, dass Moral flexibel und anpassungsfähig war – und dass sie auf den Bedürfnissen und Erfahrungen der Menschen basierte, statt auf starren, dogmatischen Geboten.

Praktische Ansätze für eine säkulare Ethik

Jonas begann, nach Beispielen für säkulare Ethik in der Praxis zu suchen. Ein faszinierendes Modell fand er in den Menschenrechten, die nach dem Zweiten Weltkrieg formuliert worden waren. Die Allgemeine Erklärung der Menschenrechte war ein Versuch, universelle moralische Prinzipien zu schaffen, die auf Vernunft, Empathie und dem Respekt vor der Würde jedes Menschen basierten.

Er las auch über moderne Bewegungen wie den Effektiven Altruismus, der darauf abzielte, moralisches Handeln auf wissenschaftliche Erkenntnisse zu stützen. Diese Bewegungen zeigten, dass säkulare Moral nicht nur möglich, sondern auch praktikabel war – und dass sie konkrete Antworten auf die drängenden Fragen der Gegenwart bot.

Ein persönliches Experiment

Jonas beschloss, die Prinzipien säkularer Moral in seinem eigenen Leben auszuprobieren. Er begann, bewusster über die ethischen Konsequenzen seiner Entscheidungen nachzudenken. Statt sich auf vorgegebene Regeln zu verlassen, fragte er sich: „Was ist in dieser Situation das Beste für alle Beteiligten?"

Dieser Prozess war anspruchsvoll, aber auch befreiend. Jonas spürte, wie er mehr Verantwortung für sein Handeln übernahm – und wie er gleichzeitig offener wurde für die Perspektiven anderer. Er schrieb in sein Tagebuch: „Säkulare Moral ist keine fertige Antwort. Sie ist ein ständiger Prozess des Nachdenkens, Fragens und Lernens."

Die Frage nach der säkularen Moral brachte Jonas zu einem tieferen Verständnis von Freiheit und Verantwortung. Doch sie führte ihn auch zu einer neuen Erkenntnis: Moral war niemals absolut. Sie war immer ein Produkt von Kultur, Geschichte und Macht.

Kapitel 9: Die Illusion der moralischen Wahrheit

Jonas Gabriel Falkner blickte auf die Stadt unter ihm, während er auf einer Bank im Park saß. Die Lichter der Hochhäuser schimmerten durch die herbstlichen Baumkronen, und ein kühler Wind trug das Geräusch von Gesprächen und das Lachen spielender Kinder zu ihm. Es war eine Szene voller Leben und Vielfalt, aber in Jonas' Gedanken kreisten andere Fragen: Wie war es möglich, dass Moral so oft als universelle Wahrheit dargestellt wurde? Und warum hielten Menschen so hartnäckig an dieser Illusion fest?

Die Konstruktion der moralischen Wahrheit

Jonas hatte gelernt, dass moralische Wahrheit selten neutral war. Sie war ein Konstrukt, das von Kulturen, Religionen und Machtstrukturen geschaffen wurde, um bestimmte Werte und Normen zu fördern. Doch diese Wahrheit wurde selten als menschliche Erfindung dargestellt. Stattdessen wurde sie oft als unveränderlich und göttlich präsentiert, um ihre Legitimität zu stärken.

In einem Buch über die Philosophie des Poststrukturalismus stieß Jonas auf eine Passage, die ihn besonders faszinierte. Michel Foucault hatte geschrieben: „Wahrheit ist nicht außerhalb der Macht." Dieser Gedanke ließ Jonas nicht mehr los. Wenn Moral nicht unabhängig von Macht war, bedeutete das, dass sie immer dazu diente, bestehende Strukturen zu stützen – ob bewusst oder unbewusst.

Die Angst vor Relativität

Ein häufiges Argument, das Jonas in seinen Gesprächen mit Verteidigern religiöser Moral hörte, war die Angst vor moralischem Relativismus. „Ohne absolute Wahrheit gibt es kein richtig oder falsch", hatte Pater Benedikt gesagt. „Jeder könnte tun, was er will, und die Gesellschaft würde ins Chaos stürzen."

Jonas verstand diese Sorge. Absolute Wahrheiten boten Stabilität und Sicherheit in einer unsicheren Welt. Doch er sah auch die

Gefahren, die damit verbunden waren. Wenn eine moralische Wahrheit als universell erklärt wurde, schloss sie automatisch andere Perspektiven aus. Sie schuf ein dichotomes Weltbild von „Gut" und „Böse", das keine Grautöne zuließ.

In seiner Forschung fand Jonas zahlreiche Beispiele, in denen die Vorstellung von absoluter moralischer Wahrheit zur Unterdrückung genutzt wurde. Die Kreuzzüge, die Hexenprozesse und sogar moderne Konflikte über soziale Themen wie Abtreibung und gleichgeschlechtliche Ehe waren alle von der Überzeugung geprägt, dass eine moralische Wahrheit die andere übertrumpfen müsse.

Die Rolle der Kultur

Jonas begann, die kulturelle Dimension von Moral genauer zu untersuchen. Er las über anthropologische Studien, die zeigten, wie unterschiedlich moralische Normen in verschiedenen Gesellschaften waren. In einigen Kulturen galten beispielsweise Polygamie oder Gemeinschaftseigentum als moralisch korrekt, während andere diese Praktiken als unmoralisch verurteilten.

Diese Vielfalt war für Jonas ein Hinweis darauf, dass Moral nicht universell war, sondern immer von den Bedingungen und Werten einer bestimmten Kultur abhing. Doch warum hielten Menschen so oft an der Idee fest, dass ihre eigene Moral die einzig wahre war?

Die Antwort fand Jonas in der Psychologie. Menschen suchten nach kognitiver Konsistenz – einem Gefühl, dass ihre Überzeugungen und Handlungen im Einklang standen. Die Vorstellung, dass ihre Moral relativ sein könnte, war für viele schwer zu akzeptieren, weil sie ihre Identität und ihr Weltbild infrage stellte.

Moral als Machtinstrument

Jonas verstand nun, dass die Illusion der moralischen Wahrheit nicht nur eine psychologische, sondern auch eine politische Funktion hatte. Sie diente dazu, Macht zu legitimieren und sozialen Gehorsam zu fördern. Wenn Menschen glaubten, dass moralische Normen von Gott oder einer universellen Wahrheit kamen, waren sie weniger geneigt, diese Normen zu hinterfragen.

Er dachte an ein Gespräch, das er mit einem Anwalt geführt hatte, der in einem Land arbeitete, in dem die Scharia als Grundlage des Rechtssystems diente. „Die Menschen akzeptieren die Gesetze, weil sie glauben, dass sie von Gott stammen", hatte der Anwalt gesagt. „Das gibt der Regierung eine Macht, die weit über die eines säkularen Staates hinausgeht."

Doch Jonas fragte sich, ob diese Macht nicht gefährlich war. Wenn moralische Wahrheit als unantastbar galt, konnte sie leicht dazu benutzt werden, abweichende Meinungen zu unterdrücken und soziale Ungleichheit zu rechtfertigen.

Ein persönliches Erwachen

Jonas begann, über seine eigene moralische Wahrheit nachzudenken. Als Kind hatte er die Gebote seiner Religion als absolute Wahrheit angesehen. Doch mit der Zeit hatte er erkannt, dass diese Gebote nicht universell waren. Sie waren ein Produkt ihrer Zeit und ihres kulturellen Kontexts – und sie hatten oft mehr mit Kontrolle als mit moralischem Fortschritt zu tun.

Diese Erkenntnis war sowohl befreiend als auch beunruhigend. Sie gab Jonas die Freiheit, seine eigene Moral zu entwickeln, doch sie ließ ihn auch die Verantwortung spüren, die mit dieser Freiheit einherging. Er schrieb in sein Tagebuch: „Die Illusion der absoluten Wahrheit ist eine bequeme Lüge. Aber vielleicht ist es an der Zeit, mit dieser Lüge zu brechen."

Jonas hatte nun ein tiefes Verständnis dafür entwickelt, wie Moral genutzt wurde, um Macht auszuüben und soziale Ordnung aufrechtzuerhalten. Doch er wollte auch eine Alternative aufzeigen.

Kapitel 10: Die ewige Dualität – Gut und Böse

In den antiken Gesellschaften waren „gut" und „böse" eng mit Macht und Status verbunden. Die Aristokratie definierte sich selbst als gut – mächtig, reich, schön, erfolgreich – während die Armen, Schwachen und Unterdrückten als schlecht oder minderwertig galten. Dieses „Herrenmoral"-Konzept sah Tugenden wie Stärke, Mut und Ehre als das höchste Gut.

Mit der Ausbreitung des Christentums und anderer religiöser Bewegungen änderte sich die Moral radikal. Das, was Nietzsche die „Sklavenmoral" nennt, setzte neue Maßstäbe. Nun galten Demut, Mitleid und Selbstlosigkeit als tugendhaft, während Macht und Reichtum als Sünden stigmatisiert wurden. Dieser Wandel war nicht nur ein Ausdruck moralischer Neuausrichtung, sondern auch ein Akt des Widerstands der Unterdrückten gegen die Herrschenden.

Moral im Spiegel der Gegenwart

In der heutigen Zeit hat sich die Bedeutung von Gut und Böse weiterentwickelt. Moderne Gesellschaften neigen dazu, Moral durch politische und ideologische Filter zu betrachten. Besonders in westlichen Demokratien, in denen Werte wie Gleichheit, Nachhaltigkeit und soziale Gerechtigkeit eine zentrale Rolle spielen, werden moralische Urteile häufig mit politischer Agenda verknüpft.

Die rot-grüne Politiklandschaft ist ein Paradebeispiel dafür, wie sich Moral als politisches Werkzeug etabliert hat. Die Grünen propagieren ökologische Verantwortung als das höchste Gut: Nachhaltigkeit, Klimaschutz und der Verzicht auf übermäßigen Konsum gelten als moralische Imperative. Wer diese Normen nicht erfüllt, wird schnell als ignorant, egoistisch oder „klimafeindlich" abgestempelt.

Die Sozialdemokratie, vertreten durch die Roten, sieht soziale Gerechtigkeit als oberstes Ziel. Umverteilung, Schutz von Minderheiten und das Streben nach Chancengleichheit sind ihre moralischen

Grundpfeiler. Kritiker dieser Ansätze laufen Gefahr, als herzlos oder gar reaktionär bezeichnet zu werden.

Die Ambivalenz moralischer Systeme

Die zentrale Frage bleibt: Wer definiert, was gut und böse ist? Ist es die Mehrheit, die politische Elite, die Medien oder vielleicht der Einzelne selbst? Moralische Systeme sind nie neutral, sondern stets Ausdruck von Machtverhältnissen und gesellschaftlichen Dynamiken.

Der Philosoph Nietzsche argumentierte, dass moralische Kategorien oft dazu dienen, Macht zu sichern oder zu verschieben. In einer Zeit, in der politische Parteien ihre moralischen Vorstellungen als universelle Wahrheit präsentieren, ist es umso wichtiger, die Ursprünge und Auswirkungen dieser Normen zu hinterfragen.

Die Antike: Herrenmoral und Sklavenmoral

In den frühen Hochkulturen – etwa im antiken Griechenland und Rom – war Moral oft an die sozialen Schichten gekoppelt. Aristoteles sah das „gute Leben" als Ziel des Menschen, aber dieses Leben war den Freien und Wohlhabenden vorbehalten. Tugenden wie Tapferkeit, Weisheit und Großzügigkeit galten als Privileg der Aristokratie. Diese „Herrenmoral", wie Nietzsche sie später nannte, beruhte auf Stärke, Macht und Selbstbewusstsein.

Dem gegenüber standen die unteren Schichten, die Nietzsche als Vertreter der „Sklavenmoral" beschreibt. Diese entwickelten eine gegensätzliche Ethik: Werte wie Bescheidenheit, Mitgefühl und Demut wurden zu moralischen Idealen erhoben. Diese Umkehrung diente nicht nur der Bewältigung der eigenen Ohnmacht, sondern auch der subtilen Untergrabung der Herrschaft der Eliten.

Das Christentum und die Revolution der Moral

Mit der Ausbreitung des Christentums erlebte die Moral einen fundamentalen Wandel. Die Religion der Schwachen und Verfolgten stellte Demut, Vergebung und Nächstenliebe in den Mittelpunkt. „Selig sind die Sanftmütigen, denn sie werden das Erdreich besitzen", heißt es in der Bergpredigt. Diese Ethik war revolutionär: Sie gab den Machtlosen eine Stimme und stellte die Werte der Mächtigen infrage.

Doch Nietzsches Kritik zielte darauf ab, dass diese neue Moral nicht aus Stärke, sondern aus Ressentiment geboren wurde. Die Sklavenmoral, so argumentierte er, sei eine List, um die Macht der Starken zu unterminieren. Durch die Verinnerlichung von Schuld und Sünde habe das Christentum eine Kultur der Selbstverleugnung und des Leidens geschaffen, die das Leben selbst entwerte.

Aufklärung und Moderne: Die Rationalisierung der Moral

Die Aufklärung brachte einen weiteren Wandel mit sich. Philosophische Denker wie Kant und Rousseau suchten nach universellen moralischen Prinzipien, die unabhängig von religiösen Dogmen galten. Kants kategorischer Imperativ forderte, dass jede Handlung so gestaltet sein müsse, dass sie als allgemeines Gesetz gelten könnte. Diese Rationalisierung der Moral sollte die Basis für eine gerechtere Gesellschaft legen.

Doch die Moderne brachte auch neue Konflikte. Die industrielle Revolution und die wachsende soziale Ungleichheit führten zu einer verstärkten politischen Polarisierung. Sozialistische und kommunistische Bewegungen stellten die kapitalistischen Eliten infrage und propagierten eine Moral der Gleichheit und Solidarität. Die Moral wurde erneut zum Schlachtfeld ideologischer Auseinandersetzungen.

Der moralische Wandel im 20. Jahrhundert

Das 20. Jahrhundert war geprägt von radikalen moralischen Umbrüchen. Der Aufstieg des Nationalsozialismus in Deutschland zeigte, wie moralische Kategorien pervertiert werden können. Gut und Böse wurden zur Legitimation von Grausamkeiten missbraucht, und die Idee einer überlegenen Rasse ersetzte universelle moralische Werte.

Nach dem Zweiten Weltkrieg setzte eine globale Debatte über Menschenrechte und moralische Verantwortung ein. Die Gründung der Vereinten Nationen und die Allgemeine Erklärung der Menschenrechte markierten den Versuch, universelle moralische Prinzipien zu etablieren. Doch die kalten Kriege zwischen Ost und West zeigten, dass moralische Werte oft geopolitischen Interessen untergeordnet wurden.

Moralische Konflikte im 21. Jahrhundert

In der heutigen Zeit wird die Moral zunehmend durch globale Herausforderungen wie Klimawandel, Migration und soziale Ungleichheit geprägt. Die grüne Bewegung stellt ökologische Verantwortung als höchste moralische Pflicht dar, während sozialistische und progressive Parteien den Kampf gegen Ungleichheit und Diskriminierung als moralischen Imperativ sehen.

Doch diese moralischen Forderungen sind nicht unumstritten. Kritiker argumentieren, dass sie oft dogmatisch vorgetragen werden und wenig Raum für individuelle Freiheit lassen. Die rot-grünen Parteien, so der Vorwurf, neigen dazu, ihre moralischen Werte als universelle Wahrheit zu präsentieren und diejenigen zu verurteilen, die andere Prioritäten setzen.

Kapitel 11: Friedrich Nietzsches Einfluss – Der Übermensch und die Moral

Der Prophet, der die Moral erschütterte

In einer kleinen Stadt im preußischen Röcken, wo die Landschaft so flach war, dass die Horizonte wie unausgesprochene Versprechen wirkten, wurde 1844 ein Kind geboren, das später die Denkweise der Welt revolutionieren sollte. Friedrich Nietzsche, der Mann, der Gott für tot erklärte, sich selbst in den Wahnsinn schrieb und dennoch Generationen von Denkern inspirierte, lebte ein Leben, das ebenso dramatisch und philosophisch radikal war wie seine Ideen.

Stellen Sie sich einen Mann vor, der mit einem Schnurrbart so beeindruckend wie ein Renaissancemalwerk auftrat, der gegen die etablierten Werte seiner Zeit wetterte, während er die Tragödie des Lebens umarmte – das ist Nietzsche. Doch wie wurde aus einem Pastorensohn ein Philosoph, der die westliche Moral erschütterte? Um das zu verstehen, müssen wir in die Widersprüche seines Lebens und Denkens eintauchen.

Friedrich Nietzsche wurde in eine zutiefst christliche Familie hineingeboren. Sein Vater war Pastor, und es schien, als sei Friedrichs Leben vorgezeichnet: ein frommer, gelehrter Mann zu werden. Doch das Schicksal hatte andere Pläne. Als Nietzsche gerade einmal fünf Jahre alt war, starb sein Vater – ein Verlust, der seine Kindheit prägen sollte. Von da an lebte er mit Frauen zusammen: seiner Mutter, seiner Schwester und den Tanten. Diese frühe Erfahrung des Verlusts und der weiblichen Dominanz formte seine Sicht auf Familie, Religion und die Abwesenheit eines göttlichen Plans.

Nietzsches Jugend war geprägt von einer außergewöhnlichen Intelligenz. Er las die Werke der griechischen Philosophen, besonders die Tragödien, und wurde zu einem brillanten Studenten der klassischen Philologie. Bereits mit 24 Jahren erhielt er eine Professur in Basel – eine Leistung, die seine Genialität, aber auch seine frühe Isolierung von der akademischen Norm unter Beweis stellte.

Es war jedoch nicht die akademische Laufbahn, die Nietzsche erfüllte. Die starre Struktur des Bildungssystems, die monotone Wiederholung von Konventionen – all das passte nicht zu einem Geist, der nach der radikalen Wahrheit suchte. Nietzsche begann, Philosophie nicht als abstrakte Disziplin, sondern als ein lebendiges, brennendes Thema zu sehen. Er wollte nicht nur analysieren, sondern erschüttern.

Nietzsche war kein Mann, der in einer Universität verharrte. Seine Gesundheit zwang ihn, frühzeitig von seiner Professur zurückzutreten, aber dieser Bruch erwies sich als Segen. Von da an wurde Nietzsche ein Wanderer – sowohl geografisch als auch intellektuell.

Er durchstreifte die Alpen, lebte in Italien und der Schweiz und suchte dabei nicht nur nach Linderung für seine körperlichen Leiden, sondern auch nach Inspiration. Die Einsamkeit wurde sein ständiger Begleiter. Doch diese Isolation war fruchtbar: Sie ermöglichte ihm, die grundlegenden Annahmen der westlichen Kultur zu hinterfragen.

Es war in dieser Phase, dass Nietzsche begann, die Grundprinzipien der Moral zu dekonstruieren. Für ihn war Moral kein göttliches Gesetz, sondern ein historisches und kulturelles Konstrukt. Er beobachtete, wie die Werte der Antike – Stärke, Mut, Schönheit – von der christlichen Ethik verdrängt worden waren, die Schwäche, Demut und Mitleid glorifizierte. Nietzsche empfand dies als einen Verrat an der Lebensfreude. Seine Kritik zielte darauf ab, die Werte der Sklavenmoral aufzudecken, die durch Ressentiment und Vergeltung angetrieben wurde.

Inmitten seiner Einsamkeit und seines Kampfes mit körperlichem Schmerz schrieb Nietzsche einige seiner einflussreichsten Werke: Also sprach Zarathustra, Jenseits von Gut und Böse und Zur Genealogie der Moral. Es war in diesen Schriften, dass er eine der provokantesten Ideen der Philosophiegeschichte entwickelte: den Übermenschen.

Der Übermensch ist kein Superheld, kein biologisch überlegener Mensch. Er ist ein Symbol für denjenigen, der die traditionellen Werte überwindet und seine eigenen schafft. Der Übermensch sagt

Ja zum Leben, auch in seiner Härte und Grausamkeit. Er erkennt, dass das Leben keinen göttlichen Sinn hat, und nimmt diese Sinnlosigkeit als Chance, als Freiheit wahr. Nietzsche betrachtete diesen Übermenschen als das Ziel der Menschheit – als eine Herausforderung, die Selbstbegrenzung und moralische Dogmen zu überwinden.

Doch wie reagierte die Welt auf diese Idee? Viele verstanden Nietzsche falsch. Seine Vision wurde später von Ideologien wie dem Nationalsozialismus missbraucht, was Nietzsche wohl zutiefst widerwärtig gefunden hätte. Denn sein Übermensch war kein Herrscher über andere, sondern ein Herr über sich selbst.

„Gott ist tot, und wir haben ihn getötet." Diese Worte, die Nietzsche in der Fröhlichen Wissenschaft schrieb, hallten durch die Welt. Doch was meinte er damit? Nietzsche sprach nicht vom physischen Tod einer Gottheit, sondern vom Verlust des Glaubens an absolute Wahrheiten. Die moderne Welt, so argumentierte er, hatte die alten metaphysischen Fundamente verloren. Doch anstatt dies als Befreiung zu sehen, fiel die Menschheit in eine Sinnkrise.

Der Tod Gottes war nicht das Ende der Geschichte, sondern der Anfang einer Herausforderung. Ohne einen Gott, der uns sagt, was richtig und falsch ist, mussten wir selbst entscheiden. Nietzsche warnte jedoch vor der Gefahr, dass der Mensch in einen Nihilismus verfällt – eine Weltanschauung, in der nichts Bedeutung hat. Der Übermensch war seine Antwort auf diese Gefahr: ein Mensch, der neue Werte schafft und das Leben trotz seiner Unsicherheiten bejaht.

Doch Nietzsches eigenes Leben endete tragisch. In den letzten Jahren verfiel er in den Wahnsinn. Die genauen Ursachen sind bis heute unklar, aber die Vermutung liegt nahe, dass eine Syphilis-Infektion dazu beitrug. Ironischerweise wurde Nietzsche, der die Selbstbestimmung des Menschen propagierte, am Ende seines Lebens völlig abhängig von seiner Schwester, die seine Pflege übernahm.

Warum ist Nietzsche heute noch relevant? Seine Ideen sind nicht nur provokant, sondern auch zutiefst modern. In einer Zeit, in der die Welt polarisiert ist, in der Moral oft als Waffe eingesetzt wird, um politische oder soziale Gegner zu diskreditieren, fordert Nietzsche uns auf, kritisch zu denken. Er lädt uns ein, die Ursprünge und Auswirkungen unserer Werte zu hinterfragen.

In der heutigen Debatte um Identität, Gerechtigkeit und Verantwortung könnte Nietzsche als ein unkonventioneller Lehrer dienen. Seine Philosophie erinnert uns daran, dass keine Idee unantastbar ist – dass wir Mut brauchen, um die gewohnten Bahnen zu verlassen und neue Perspektiven zu entwickeln.

Nietzsche schrieb einmal: „Man muss noch Chaos in sich tragen, um einen tanzenden Stern gebären zu können." Dieser Satz könnte als Metapher für sein eigenes Leben und Werk stehen. Sein Chaos – die Einsamkeit, der Wahnsinn, die Schmerzen – waren der Preis, den er für seine radikale Philosophie zahlte. Doch in diesem Chaos schuf er Sterne, die bis heute leuchten.

Er war kein einfacher Mensch, und seine Philosophie ist keine einfache Anleitung zum Glück. Nietzsche fordert uns heraus – nicht, um uns zu zerstören, sondern um uns zu befreien. In einer Welt, die oft nach Sicherheit und einfachen Antworten sucht, bleibt er ein unerschütterlicher Anwalt der Freiheit und des Mutes.

Nietsches Ideen zu Gut und Böse, zur Moral und zur Rolle des Menschen in der Welt haben Denkstrukturen gesprengt und neue Wege eröffnet.

Nietzsches Kritik an der traditionellen Moral

Nietzsches zentrale These lautet, dass Moral keine universelle Wahrheit ist, sondern ein historisches Produkt. Er unterscheidet zwischen zwei fundamentalen moralischen Systemen: der Herrenmoral und der Sklavenmoral.

• Herrenmoral: Diese basiert auf der Selbstbejahung und der schöpferischen Kraft der Starken. Sie erhebt Werte wie Stärke, Mut, Macht und Kreativität in den Rang des „Guten". Für die Vertreter der Herrenmoral ist „gut" das, was das Leben bejaht und entfaltet, während „schlecht" das Schwache und Minderwertige ist.

• Sklavenmoral: Die Sklavenmoral entsteht als Reaktion der Schwachen auf die Dominanz der Starken. Sie stellt Werte wie Mitleid, Bescheidenheit und Selbstlosigkeit in den Vordergrund. Nach Nietzsche entspringt diese Moral jedoch nicht aus Stärke, sondern aus Ressentiment – einem tiefsitzenden Groll gegenüber den Mächtigen. „Gut" wird hier zum Synonym für Schwäche und Leidensfähigkeit, während „böse" die Stärke und Selbstbehauptung der Herren beschreibt.

Diese Gegenüberstellung zeigt, dass Moral für Nietzsche kein neutrales Konzept ist. Sie ist vielmehr ein Werkzeug der Macht, das von verschiedenen Gruppen eingesetzt wird, um ihre Position zu festigen.

Der Übermensch – Eine neue Perspektive

Ein zentrales Konzept in Nietzsches Philosophie ist der Übermensch. Um es noch einmal zu betonen: Der Übermensch ist kein biologisch überlegener Mensch, wie es oft missverstanden wird, sondern ein Individuum, das die herkömmlichen Werte und Moralvorstellungen transzendiert. Der Übermensch schafft seine eigenen Werte, basierend auf einer radikalen Bejahung des Lebens und einer Ablehnung von Schuld und Sünde.

Nietzsches Vorstellung des Übermenschen steht in direktem Gegensatz zu den moralischen Idealen, die er als lebensverneinend betrachtet. Statt das Leid zu glorifizieren oder sich an vergangene Ideale zu klammern, soll der Übermensch das Leben in all seinen Facetten annehmen – mit all seiner Schönheit, seinem Schmerz und seiner Unsicherheit.

In der heutigen politischen und gesellschaftlichen Landschaft, in der Moral oft als Waffe gegen Andersdenkende genutzt wird, könnte Nietzsches Übermensch als Inspiration dienen, um sich von moralischen Dogmen zu lösen und individuelle Werte zu schaffen.

Die Genealogie der Moral in der Gegenwart

Nietzsche fordert eine radikale „Kritik der moralischen Werte". Dabei stellt er die Frage: Sind die Werte, die wir heute als moralisch betrachten, wirklich gut für das Leben? Oder hemmen sie unsere Entwicklung und unseren Willen zur Macht? Diese Fragen sind auch heute von großer Relevanz, insbesondere angesichts der moralischen Polarisierung in der Politik.

Rot-grüne Parteien, die ökologische und soziale Gerechtigkeit als höchste Werte propagieren, könnten in Nietzsches Analyse als Vertreter einer modernen Sklavenmoral gesehen werden. Ihre Werte betonen Mitleid, Verantwortung für Schwächere und die Pflicht, die eigene Lebensweise zugunsten des Kollektivs zu ändern. Diese Ansätze mögen gut gemeint sein, aber sie werfen Fragen auf: Werden sie zur Unterdrückung individueller Freiheit genutzt? Führt der moralische Druck zu einer neuen Form von Schuld und Scham, die das Leben lähmt?

Nietzsche und die heutige Debatte um Gut und Böse

Die Philosophie Nietzsches könnte eine Grundlage bieten, um die heutige moralische Debatte kritisch zu hinterfragen. Statt Moral als absolut und unveränderlich zu betrachten, lädt Nietzsche dazu ein, ihre Ursprünge, Funktionen und Auswirkungen zu untersuchen. Er warnt vor den Gefahren einer Moral, die das Leben erstickt, anstatt es zu fördern.

In einer Zeit, in der politische Parteien, Medien und Aktivisten moralische Werte als unumstößlich darstellen, ist Nietzsches Idee der „Umwertung aller Werte" aktueller denn je. Sie ruft dazu auf, den Mut zu haben, tradierte Normen infrage zu stellen und neue, lebensbejahende Werte zu schaffen.

Kapitel 12: Die moderne Moral – Fortschritt oder Rückschritt?

Es war eine warme Frühlingsnacht in Amsterdam, als Simon van Morgen (Anm.d.Red.: Name geändert) – Philosoph, Aktivist und selbsternannter „moralischer Wecker der Menschheit" – auf einer kleinen Bühne in einem überfüllten Café stand. Seine Stimme war leise, fast ein Flüstern, doch sie durchdrang die hitzige Luft wie ein Messer durch weiche Butter. Simon sprach von Wahrheit, Verantwortung und der Bürde, in einer Welt zu leben, die vor Ungerechtigkeit und Heuchelei brodelt.

„Wir haben den Luxus, uns moralisch überlegen zu fühlen," sagte er mit ruhiger, unerschütterlicher Überzeugung. „Aber was machen wir wirklich? Wir konsumieren, wir ignorieren, wir wischen mit einem Daumen nach oben, um uns gut zu fühlen. Unsere Moral ist ein Spiegelkabinett, das uns immer nur das zeigt, was wir sehen wollen."

Die Menge war gebannt. Die einen bewunderten ihn als Visionär, die anderen verfluchten ihn als Provokateur. Doch alle lauschten. Simon war kein gewöhnlicher Philosoph – er war ein Phänomen.

Simon wurde in den 1980er Jahren in einer wohlhabenden Familie geboren, die sich selbst als liberal, aufgeklärt und progressiv verstand. Sein Vater, ein renommierter Wirtschaftswissenschaftler, lehrte an einer Universität, während seine Mutter als Künstlerin gesellschaftskritische Installationen schuf. Das Elternhaus war eine Mischung aus intellektuellem Diskurs und moralischen Debatten, die oft bis tief in die Nacht andauerten. Es war keine Frage, dass Simon lernte, komplexe Argumente mit Leichtigkeit zu zerlegen – und das schon als Kind.

Doch Simon war kein gewöhnliches Kind. Während andere Kinder Fußball spielten, las er Hannah Arendt und Jacques Derrida. Bereits mit 16 Jahren veröffentlichte er seinen ersten Essay in einer nationalen Zeitung: „Die Krise des digitalen Gewissens." Darin prangerte er an, wie soziale Medien die Aufmerksamkeit auf „sichtbare" Probleme lenkten, während sie strukturelle Ungerechtigkeiten unsichtbar ließen. Es war klar: Dieser junge Mann war ein Denker, der nicht nur das Offensichtliche sah, sondern auch das Verborgene.

Mit Anfang 20 studierte Simon Philosophie in Cambridge. Seine Kommilitonen beschrieben ihn als brillant, aber auch als einen Einzelgänger, der oft in hitzige Debatten verwickelt war. Er hinterfragte alles, besonders die Motive seiner Professoren. Ein Wendepunkt kam, als Simon eine Vorlesung über moralischen Fortschritt besuchte. Der Professor, ein bekannter Utilitarist, argumentierte, dass die westliche Gesellschaft durch humanitäre Interventionen und internationale Hilfe moralisch gereift sei.

Simon stand auf. „Moralischer Fortschritt? Auf wessen Kosten?", fragte er. „Die westliche Moral ist ein Luxus, erkauft durch koloniale Vergangenheit und wirtschaftliche Ausbeutung. Wir predigen Gerechtigkeit, während wir das Fundament unserer Moral auf den Schultern der Schwachen aufbauen."

Die Worte trafen den Raum wie ein Blitzschlag. Simon verließ die Vorlesung, doch die Frage blieb zurück. Dieser Moment markierte den Beginn seines Aufstiegs als einer der radikalsten Kritiker moderner Moralvorstellungen.

Nach seinem Abschluss zog Simon zurück nach Amsterdam, wo er begann, als freier Schriftsteller und Aktivist zu arbeiten. Seine Texte, die in renommierten Magazinen wie Philosophy Now und The New Yorker erschienen, hatten stets eine provozierende These: Die moderne Moral sei eine Fassade, die Ungerechtigkeiten verdecke, anstatt sie zu lösen.

In einem seiner einflussreichsten Essays, Das moralische Paradoxon des Westens, schrieb er:

„Wir betrachten uns als aufgeklärt, weil wir recyceln und vegane Burger essen. Doch unsere moralische Reinheit endet dort, wo unsere Komfortzone beginnt. Wir akzeptieren Billigkleidung, obwohl wir wissen, dass sie in Sweatshops gefertigt wird. Wir klatschen bei Reden über Klimaschutz, steigen aber weiterhin in Flugzeuge, weil unser Vergnügen wichtiger ist als unsere Prinzipien. Wir sind die neuen Heuchler – gut gekleidet, gut informiert, aber ohne echten Mut."

Dieser Essay löste eine Welle von Kontroversen aus. Einige nannten ihn einen Zyniker, der Menschen moralisch beschäme. Andere sahen in ihm einen modernen Propheten, der der Welt einen unvermeidlichen Spiegel vorhält.

Doch Simon war mehr als nur ein Schriftsteller. Er wurde ein Aktivist, der auf Straßenprotesten sprach, an Universitäten lehrte und mit NGOs arbeitete. Seine Botschaft war simpel, aber radikal: Moral beginnt nicht mit großen Idealen, sondern mit kleinen, unbequemen Handlungen. Er forderte die Menschen auf, nicht nur zu reden, sondern auch zu handeln – und zwar im Alltag.

Ein berüchtigter Moment war seine Rede auf dem Globalen Klimagipfel 2019. Während andere Redner diplomatische Appelle an die Regierungen richteten, wandte sich Simon direkt an die Zuschauer. „Ihr wartet auf Regierungen, um die Welt zu retten?", rief er. „Die Regierungen sind Teil des Problems. Ihr seid es, die handeln müssen – jetzt, heute, ohne Entschuldigung. Wer Fleisch isst, fliegt oder mehr besitzt, als er braucht, ist Teil des Problems."

Diese radikale Ehrlichkeit brachte ihm gleichermaßen Bewunderung wie Feindschaft ein. Einige nannten ihn einen „ökologischen Tyrannen", während andere ihn als Retter feierten. Simon selbst schien die Kontroversen zu genießen. „Wenn alle dich mögen, sagst du nicht die Wahrheit", pflegte er zu sagen.

Doch wie jeder Moralapostel trug auch Simon die Bürde seiner eigenen Ideale. Während er andere zur Selbstreflexion aufrief, war sein eigenes Leben von Widersprüchen geprägt. Kritiker wiesen darauf hin, dass Simon zwar Nachhaltigkeit predigte, aber häufig in Flugzeugen saß, um zu Vorträgen zu reisen. Auch wurde bekannt, dass einige seiner Essays von einer Ghostwriterin redigiert wurden – ein Umstand, den er jahrelang verschwieg.

Simon verteidigte sich: „Ich bin nicht perfekt, und das ist der Punkt. Moral ist kein Zustand, sondern ein Prozess. Es geht nicht darum, makellos zu sein, sondern darum, sich ständig zu verbessern." Doch die Enthüllungen schadeten seinem Ruf. Er zog sich eine Zeit lang zurück, doch es war klar, dass Simon nicht einfach aufgeben würde.

Heute, mit Mitte 40, bleibt Simon eine umstrittene Figur. Seine Bücher, Vorträge und Essays inspirieren Millionen, während sie ebenso viele provozieren. Seine Vision einer radikalen, ehrlichen Moral – einer Moral, die sich nicht hinter Komfort und Symbolen versteckt – hat eine Bewegung ausgelöst, die sowohl geliebt als auch gehasst wird.

Simon van Morgen ist kein einfacher Held. Er ist unbequem, widersprüchlich, manchmal überheblich – doch gerade deshalb zwingt er uns, unsere eigenen Überzeugungen zu hinterfragen. In einer Welt, die sich oft in moralischer Selbstgefälligkeit wiegt, bleibt er ein notwendiger Stachel. Seine Geschichte ist noch nicht zu Ende geschrieben, doch eines ist sicher: Sie wird ein Kapitel in der Geschichte der modernen Moral hinterlassen, das niemand ignorieren kann.

Die moderne Moral, wie sie sich insbesondere in westlichen Gesellschaften etabliert hat, wird oft als Fortschritt gefeiert. Menschenrechte, ökologische Verantwortung und soziale Gerechtigkeit gelten als Errungenschaften, die die Zivilisation vorangebracht haben. Doch ist diese Moral wirklich Ausdruck von Stärke und Entwicklung, oder ist sie – wie Nietzsche es formulieren würde – ein Zeichen von Schwäche und Dekadenz?

Fortschritt durch Moral?

Es besteht kein Zweifel daran, dass die moderne Moral viele positive Veränderungen bewirkt hat. Die Abschaffung der Sklaverei, die Gleichberechtigung der Geschlechter, die Einführung sozialer Sicherungssysteme – all dies wird als Triumph des „Guten" über das „Böse" dargestellt. Insbesondere im 20. und 21. Jahrhundert hat die Betonung universeller Menschenrechte den globalen Diskurs geprägt.

Auch die ökologische Moral hat Fortschritte gebracht. Der Schutz von Umwelt und Klima ist ein zentraler Bestandteil moderner Politik. Parteien wie die Grünen haben es geschafft, Themen wie Nachhaltigkeit und Ressourcenschonung in den Vordergrund zu rücken. Diese moralischen Leitlinien basieren auf dem Gedanken, dass zukünftige Generationen ein Recht auf eine intakte Umwelt haben.

Soziale Gerechtigkeit ist ein weiteres zentrales Element der modernen Moral. Rote Parteien und linke Bewegungen setzen sich für die Umverteilung von Reichtum und die Unterstützung von Benachteiligten ein. Der moralische Imperativ lautet hier: Die Starken sollen die Schwachen unterstützen, um Chancengleichheit zu schaffen.

Auf den ersten Blick scheint diese moderne Moral zweifellos ein Fortschritt zu sein. Sie propagiert Mitgefühl, Verantwortung und Solidarität als universelle Werte. Doch wie Nietzsche betont, lohnt es sich, die Kehrseite dieser Errungenschaften zu betrachten.

Die dunkle Seite der modernen Moral

Nietzsche sah in der modernen Moral oft eine Verkleidung von Schwäche. Werte wie Mitleid und Gleichheit, so argumentiert er, seien nicht unbedingt lebensfördernd, sondern könnten auch lähmen. Sie würden den Willen zur Macht – jene schöpferische Kraft, die den Menschen antreibt, sich selbst und die Welt zu gestalten – unterdrücken.

Ein zentrales Problem der modernen Moral ist der moralische Druck, der auf den Einzelnen ausgeübt wird. Wer den moralischen Idealen nicht entspricht, wird schnell ausgegrenzt oder moralisch verurteilt. Dies zeigt sich besonders in der Klimadebatte. Menschen, die viel reisen, Fleisch essen oder große Autos fahren, werden oft als „klimafeindlich" bezeichnet. Dieser moralische Druck führt nicht selten zu Schuldgefühlen und sozialer Ächtung.

Ein weiteres Problem ist die Uniformität der moralischen Normen. Die moderne Moral erhebt den Anspruch, universell gültig zu sein. Doch was in einer Kultur als moralisch richtig gilt, kann in einer anderen als falsch angesehen werden. Diese Tendenz, eine einzige moralische Wahrheit durchsetzen zu wollen, birgt die Gefahr, andere Perspektiven zu unterdrücken.

Moral als Werkzeug der Kontrolle

Nietzsche warnte davor, dass Moral oft als Werkzeug der Kontrolle eingesetzt wird. In der modernen Gesellschaft wird Moral nicht nur durch religiöse Institutionen, sondern auch durch politische Parteien und Medien propagiert. Rot-grüne Parteien haben es geschafft, moralische Prinzipien wie Umweltschutz und soziale Gerechtigkeit zu zentralen Elementen ihrer politischen Agenda zu machen. Doch diese Prinzipien können auch dazu dienen, abweichende Meinungen zu delegitimieren.

Beispielsweise wird die Kritik an grüner Politik oft als moralisch fragwürdig dargestellt, unabhängig von ihrer inhaltlichen Berechtigung. Wer Umverteilungsmaßnahmen infrage stellt, läuft Gefahr, als unsolidarisch oder egoistisch abgestempelt zu werden. Diese Dynamik erinnert an Nietzsches Warnung, dass Moral oft dazu dient, Machtstrukturen zu stabilisieren.

Ist die moderne Moral lebensbejahend?

Für Nietzsche ist das entscheidende Kriterium jeder Moral, ob sie das Leben bejaht und stärkt. Die moderne Moral, so argumentieren Kritiker, neigt dazu, den Menschen durch Schuldgefühle und Verpflichtungen zu belasten. Sie stellt kollektive Ziele über die individuelle Freiheit und das persönliche Glück.

Eine lebensbejahende Moral würde den Einzelnen ermutigen, sein volles Potenzial auszuschöpfen und Verantwortung für sein eigenes Leben zu übernehmen. Sie würde Freiheit und Kreativität fördern, anstatt den Menschen in ein Korsett vorgegebener Normen zu zwängen.

Kapitel 13: Politische Parteien als moralische Missionare

In einem kleinen Konferenzraum im Herzen Berlins, wo der Duft von Fair-Trade-Kaffee in der Luft lag und die Wände mit Postern nachhaltiger Kampagnen bedeckt waren, stand Clara Lichtner (Anm.d.Red.: Name geändert), die Vorsitzende der Öko Partei Deutschlands. Sie hielt eine Rede, die zu einem Symbol für die moralische Mission ihrer Partei werden sollte. Ihre Worte hallten durch den Raum und weit darüber hinaus: „Wir sind nicht nur eine Partei. Wir sind das Gewissen der Gesellschaft. Wir stehen für eine Welt, die nicht nur lebt, sondern überlebt – für uns, für unsere Kinder und für alle, die nach uns kommen."

Clara sprach mit einer Überzeugung, die keine Zweifel zuließ. Für ihre Anhänger war sie eine Prophetin des 21. Jahrhunderts, eine Lichtgestalt in einer Welt, die von Umweltzerstörung und sozialer Ungerechtigkeit geplagt war. Doch für ihre Kritiker war sie eine Missionarin mit einem simplifizierenden Weltbild, das keinen Raum für Zweifel oder Gegensätze ließ. Diese Ambivalenz, die Clara verkörperte, spiegelt die Essenz der Ökos als moralische Instanz wider.

Die Ökos entstanden in den 1980er Jahren aus den sozialen Bewegungen jener Zeit. Umweltaktivisten, Feministinnen, Pazifisten – sie alle fanden in der Partei ein politisches Zuhause. Doch von Anfang an war klar, dass die Ökos mehr sein wollten als nur eine Partei. Sie sahen sich als Avantgarde, als moralisches Gegengewicht zu den etablierten Kräften, die ihrer Meinung nach die Zukunft der Erde aufs Spiel setzten.

Bereits in den frühen Jahren der Partei war die Sprache geprägt von moralischen Appellen. Die Ökos forderten nicht nur politische Maßnahmen, sondern einen grundlegenden Wertewandel. Der Schutz der Umwelt wurde nicht als eine Option dargestellt, sondern als Pflicht – ethisch, politisch und existenziell. Diese moralische Rhetorik gab der Partei eine Identität, die über Parteipolitik hinausging.

Mit der Klimakrise als globalem Notstand wuchs die Bedeutung der Ökos. Sie wurden von einer Randpartei zu einem zentralen Akteur in der deutschen Politik. Ihr moralischer Anspruch, die Welt zu retten, wurde zum Kern ihrer Identität. Jede politische Forderung – ob es um den Kohleausstieg, die Energiewende oder das Tempolimit ging – wurde in einen moralischen Rahmen eingebettet.

Die Ökos hatten es geschafft, die ökologische Verantwortung zum moralischen Leitmotiv zu machen. Wer für Umweltschutz eintrat, galt als gut und verantwortungsvoll. Wer dagegen war, wurde als egoistisch oder ignorant abgestempelt. Diese Dichotomie machte es schwierig, sachliche Debatten zu führen. Kritiker, die etwa vor den wirtschaftlichen Folgen radikaler Klimapolitik warnten, wurden schnell als „Klimaleugner" diffamiert.

Clara Lichtner ist eine Schlüsselfigur in der Transformation der Partei. Geboren in einer Kleinstadt in Norddeutschland, wuchs sie in einer Familie auf, die Wert auf soziale Gerechtigkeit und Nachhaltigkeit legte. Ihr Studium der Umweltwissenschaften führte sie zu den Ökos, wo sie schnell zur Galionsfigur wurde.

Clara ist bekannt für ihre leidenschaftlichen Reden und ihre klare Botschaft: „Es gibt keine Neutralität, wenn es um die Zukunft unseres Planeten geht." Diese kompromisslose Haltung brachte ihr Bewunderung, aber auch Kritik ein. Für viele ihrer Gegner verkörpert sie den missionarischen Eifer der Ökos, der keinen Widerspruch duldet.

Die Ökos nutzen eine einfache, aber effektive Strategie: Sie erzählen Geschichten. Geschichten von einer zerstörten Natur, von Arten, die für immer verschwinden, und von Menschen, die unter den Folgen der Klimakrise leiden. Diese Narrative appellieren an das moralische Empfinden der Gesellschaft. Sie schaffen nicht nur Bewusstsein, sondern auch eine klare moralische Trennlinie zwischen „richtig" und „falsch".

Ein Beispiel dafür ist die Debatte um den Kohleausstieg. Die Ökos argumentieren, dass der Abbau fossiler Energien nicht nur eine politische Notwendigkeit, sondern eine moralische Pflicht ist. Wer gegen den Kohleausstieg ist, wird schnell als Gegner des Fortschritts und der Nachhaltigkeit dargestellt.

Doch der moralische Anspruch der Ökos hat auch Schattenseiten. Kritiker werfen der Partei vor, ihre Werte mit missionarischem Eifer durchsetzen zu wollen. Der Druck, nachhaltig zu leben, kann für viele Menschen belastend sein. Wer nicht den strengen Maßstäben entspricht – sei es durch Fleischkonsum, Autofahrten oder Flugreisen – wird schnell als moralisch unzureichend wahrgenommen.

Diese Polarisierung hat zu einem „ökologischen Klassenkampf" geführt. Menschen mit geringerem Einkommen fühlen sich oft ausgeschlossen, da sie sich die moralischen Standards der Ökos – wie etwa den Kauf von Elektroautos oder teurer Bioprodukte – nicht leisten können. Die öko Moral, so die Kritik, wird zum Privileg der Wohlhabenden.

Die Ökos haben es geschafft, die ökologische Verantwortung zu einem zentralen gesellschaftlichen Thema zu machen. Doch diese Moralisierung der Politik birgt Risiken. Erstens droht sie, den demokratischen Diskurs zu verkürzen. Wenn moralische Ansprüche als alternativlos dargestellt werden, bleibt wenig Raum für Meinungsvielfalt. Zweitens kann die moralische Überhöhung politischer Ziele zu einer Bevormundung der Bürger führen. Wenn Parteien vorgeben, was „gut" für die Gesellschaft ist, wird die individuelle Freiheit eingeschränkt.

Ein weiteres Risiko besteht darin, dass die Ökos ihre moralische Autorität nutzen könnten, um Kritik leichter abzuwehren. Diese Dynamik erschwert die demokratische Kontrolle und fördert eine Spaltung der Gesellschaft in moralisch „Gute" und „Böse".

Die Ökos stehen an einem Scheideweg. Ihr Erfolg hängt davon ab, ob sie ihre moralischen Prinzipien mit einer pragmatischen Politik verbinden können. Clara Lichtner hat dies erkannt. In einer kürzlichen Rede sagte sie: „Moralische Verantwortung bedeutet nicht, Menschen zu belehren, sondern sie zu inspirieren. Wir dürfen niemanden zurücklassen."

Diese Worte könnten der Schlüssel sein, um die Ökos von moralischen Missionaren zu echten Vermittlern gesellschaftlicher Werte zu machen. Doch ob sie diesen Spagat schaffen, bleibt abzuwarten.

Die Ökos sind mehr als eine Partei. Sie sind eine Bewegung, eine Idee, ein moralischer Kompass für viele Menschen. Doch mit großer moralischer Macht kommt auch große Verantwortung. Wenn die

Ökos ihre Rolle als moralische Instanz mit Bedacht ausüben, könnten sie die Welt wirklich verändern. Wenn nicht, riskieren sie, das Vertrauen der Menschen zu verlieren und eine neue Spaltung in der Gesellschaft zu schaffen.

Die Geschichte der Ökos ist noch nicht zu Ende geschrieben. Doch eines ist sicher: Sie werden weiterhin eine zentrale Rolle in der Debatte um Moral, Politik und die Zukunft der Welt spielen.

Politische Parteien sind nicht nur Vertreter bestimmter Interessen oder Ideologien, sondern zunehmend auch moralische Missionare. Sie definieren, was in einer Gesellschaft als gut und böse gilt, und nutzen diese moralischen Kategorien, um ihre politischen Ziele zu legitimieren. Besonders die rot-grünen Parteien positionieren sich als Hüter von Gerechtigkeit, Nachhaltigkeit und Solidarität.

Moral als politisches Instrument

Die Verbindung von Moral und Politik ist kein neues Phänomen. Schon in der Antike legitimierten Herrscher ihre Macht durch moralische oder religiöse Werte. Doch in modernen Demokratien hat sich diese Dynamik verändert. Parteien treten nicht mehr nur als Vertreter ökonomischer Interessen auf, sondern als moralische Instanzen, die Anspruch auf ethische Führerschaft erheben.

Rot-grüne Parteien haben es geschafft, Themen wie soziale Gerechtigkeit und Klimaschutz in den Mittelpunkt des politischen Diskurses zu stellen. Dabei nutzen sie moralische Appelle, um breite gesellschaftliche Unterstützung zu mobilisieren. Wer für soziale Umverteilung oder ökologische Verantwortung eintritt, gilt als moralisch integer. Wer sich dagegen ausspricht, läuft Gefahr, als egoistisch oder rückwärtsgewandt abgestempelt zu werden.

Die grüne Moral: Ökologie als oberstes Prinzip

Die Grünen präsentieren sich als Verkörperung des „guten Gewissens" der Gesellschaft. Ihr moralischer Imperativ basiert auf der Annahme, dass der Schutz der Umwelt nicht nur eine politische Notwendigkeit, sondern eine moralische Pflicht ist. Maßnahmen wie der Verzicht auf fossile Energien, die Förderung erneuerbarer Energien und der Schutz der Biodiversität werden als ethisch alternativlos dargestellt.

Der Druck, nachhaltig zu leben, kann für viele Menschen zu einer Belastung werden. Wer nicht den strengen Maßstäben entspricht – etwa durch Fleischkonsum, Autofahrten oder Flugreisen – wird schnell als moralisch unzureichend wahrgenommen. Diese Polarisierung führt zu einem „ökologischen Klassenkampf", bei dem die grüne Moral als Instrument zur Abgrenzung und Verurteilung genutzt wird.

Die rote Moral: Soziale Gerechtigkeit als Leitbild

Die Sozialdemokratie und linke Parteien stehen für eine Moral der Gleichheit und Solidarität. Ihr zentrales Ziel ist die Umverteilung von Reichtum, um soziale Ungleichheiten zu reduzieren. Dabei werden Begriffe wie „soziale Gerechtigkeit" und „Chancengleichheit" als moralische Leitplanken etabliert.

Dieser Ansatz hat zweifellos historische Erfolge hervorgebracht, etwa die Einführung von Sozialversicherungssystemen und Arbeitsrechten. Doch auch hier gibt es Spannungen. Kritiker argumentieren, dass die rote Moral oft auf einer simplifizierenden Dichotomie basiert: Reich gleich böse, arm gleich gut. Solche pauschalen Urteile ignorieren die Komplexität von ökonomischen und sozialen Zusammenhängen und können die Gesellschaft weiter spalten.

Die Risiken einer moralisierten Politik

Die Moralisierung der Politik birgt mehrere Gefahren. Erstens droht sie, den demokratischen Diskurs zu verkürzen. Wenn moralische Ansprüche als alternativlos dargestellt werden, bleibt wenig Raum für legitime Meinungsvielfalt. Wer abweichende Ansichten vertritt, wird schnell als unmoralisch oder unsolidarisch gebrandmarkt.

Zweitens kann die moralische Überhöhung politischer Ziele zu einer Bevormundung der Bürger führen. Wenn Parteien vorgeben, was „gut" für die Gesellschaft ist, wird die individuelle Freiheit, eigene Prioritäten zu setzen, eingeschränkt. Dies zeigt sich etwa in der Klimapolitik, wo bestimmte Konsummuster zunehmend stigmatisiert werden.

Drittens besteht die Gefahr, dass moralische Narrative genutzt werden, um Macht zu sichern. Parteien, die sich als moralische Autoritäten präsentieren, können Kritik leichter abwehren, da sie sich auf höhere Werte berufen. Dies erschwert die demokratische Kontrolle und fördert eine Spaltung der Gesellschaft in moralisch „Gute" und „Böse".

Beispiele für moralische Konflikte

Ein anschauliches Beispiel für die Spannungen, die aus der Moralisierung von Politik entstehen, ist die Debatte um die Klimapolitik. Während grüne Parteien eine radikale Transformation der Wirtschaft fordern, sehen konservative Kräfte und Teile der Bevölkerung darin eine Gefahr für Arbeitsplätze und Wohlstand. Die moralische Aufladung dieser Diskussion – „Klimaschutz ist alternativlos" versus „Klimaschutz gefährdet unsere Freiheit" – erschwert einen sachlichen Dialog.

Ein weiteres Beispiel ist die Flüchtlingspolitik. Linke Parteien propagieren oft eine offene Haltung gegenüber Migration als moralische Pflicht, während konservative Kräfte auf die Begrenzung von Einwanderung drängen. Diese moralische Polarisierung führt zu einer Vergiftung des politischen Klimas, bei der beide Seiten die jeweils andere als unmoralisch darstellen.

Politische Parteien sind in einer Demokratie unverzichtbar, aber ihre Rolle als moralische Missionare ist ambivalent. Während moralische Werte Orientierung bieten, können sie auch zur Ausgrenzung und Kontrolle missbraucht werden.

Kapitel 14: Das Werkzeug der Bevormundung

Moral dient nicht nur als Orientierungshilfe im täglichen Leben, sondern kann auch ein mächtiges Werkzeug der Kontrolle sein. In der Politik wird sie oft genutzt, um Macht zu sichern und Opposition zu delegitimieren. Moralische Appelle und Normen erscheinen auf den ersten Blick harmlos, da sie im Namen des Guten agieren. Doch bei genauerem Hinsehen zeigt sich, wie moralische Prinzipien manipuliert werden können, um das Verhalten von Individuen und Gruppen zu steuern.

Der moralische Kompass des Politikers Maximilian Gruber

Maximilian Gruber (Anm.d.Red.: Name geändert) war ein Mann mit einer Mission. Charismatisch, wortgewandt und voller Überzeugung hatte er es geschafft, sich als führender Politiker seiner Partei einen Namen zu machen. Für ihn war Moral keine bloße Orientierungshilfe – sie war ein Werkzeug, ein Mittel, um das Verhalten der Gesellschaft zu formen. Gruber war überzeugt: Die Menschen wussten oft nicht, was gut für sie war. Es lag an ihm, sie auf den „richtigen" Weg zu führen.

Doch dieser Weg war nicht ohne Widerstände. Denn während Gruber seine Maßnahmen als moralisch notwendig darstellte, empfanden viele Bürger sie als Bevormundung.

Gruber hatte ein klares Ziel: Er wollte eine umweltbewusste, solidarische und nachhaltige Gesellschaft schaffen. Seine Moral war unmissverständlich:

• **Klimaschutz über alles:** Jeder Bürger hatte die moralische Pflicht, seinen ökologischen Fußabdruck zu minimieren. Autofahren, Fleischkonsum und Urlaubsflüge waren für Gruber keine Privatsache, sondern moralische Entscheidungen mit globaler Tragweite.

- **Solidarität durch Verzicht:** Luxus war in seinen Augen ein Relikt egoistischer Zeiten. Wer mehr hatte, sollte bereit sein, zugunsten der Gemeinschaft auf Wohlstand zu verzichten.
- **Kulturelle Homogenität:** In Grubers Welt sollten sich alle an die gleichen Normen und Werte halten – jene, die er für „gut" hielt.

Für viele klangen Grubers Ziele nobel. Doch die Methoden, die er einsetzte, um diese Moral durchzusetzen, waren höchst umstritten.

Gruber wusste, dass offene Machtpolitik ihn nicht ans Ziel bringen würde. Stattdessen setzte er auf subtile Mechanismen, um die Bürger zu lenken.

Gruber begann seine Kampagne mit einer Serie von Reden, in denen er die Verantwortung jedes Einzelnen betonte. „Der Klimawandel", sagte er in seiner berühmten Rede auf dem Parteitag, „ist nicht das Versagen der Politik, sondern das Versagen der Gesellschaft. Es ist unser aller Schuld."

Mit solchen Botschaften machte er die Bürger zu den eigentlichen Schuldigen – und legte die Lösung in ihre Hände. Seine Partei startete daraufhin Kampagnen, die den moralischen Druck verstärkten:

- **Öffentliche Anzeigen mit dem Slogan:** „Was wirst du deinen Kindern sagen, wenn sie fragen, warum du nichts getan hast?"
- **Medienberichte**, die einzelne Bürger, die als „umweltschädlich" galten, an den Pranger stellten.

Als Nächstes trieb Gruber eine Reihe von Gesetzen voran, die er als „notwendige Schritte für eine bessere Zukunft" bezeichnete:

- **Fleischsteuer:** Der Preis für Fleisch wurde drastisch erhöht, um den Konsum zu reduzieren.
- **Mobilitätspass:** Jeder Bürger durfte nur noch eine bestimmte Anzahl von Kilometern pro Jahr mit dem Auto zurücklegen. Flugreisen mussten beantragt und genehmigt werden.
- **Nachhaltigkeitsabgabe:** Wer mehr als eine bestimmte Menge Müll produzierte, wurde mit einer hohen Abgabe belastet.

Jedes dieser Gesetze wurde mit moralischen Appellen begründet. Kritiker, die die Maßnahmen als überzogen oder ungerecht empfanden, wurden öffentlich als „unsolidarisch" und „rücksichtslos" gebrandmarkt.

Gruber verstand, dass er die Kontrolle über die öffentliche Meinung brauchte. Er arbeitete eng mit Journalisten zusammen, die seine Agenda unterstützten. Kritische Stimmen wurden als „reaktionär" oder „klimafeindlich" dargestellt. Talkshows wurden zu Bühnen für moralische Konflikte: Bürger, die Grubers Maßnahmen kritisierten, wurden dort von Experten und Prominenten verbal auseinandergenommen.

Doch nicht alle ließen sich von Grubers moralischen Appellen einschüchtern. Eine junge Journalistin namens Anna Berger begann, seine Methoden zu hinterfragen. Sie schrieb eine investigative Reportage mit dem Titel „Die moralische Falle". Darin enthüllte sie, wie Gruber gezielt Schuldgefühle schürte und Kritiker systematisch zum Schweigen brachte.

Berger stellte die Frage, die viele sich insgeheim auch stellten: Ging es Gruber wirklich um das Wohl der Gesellschaft – oder um Macht?

Die Reportage schlug ein wie eine Bombe. Bürger, die sich bisher nicht getraut hatten, gegen Grubers Maßnahmen zu protestieren, organisierten Demonstrationen. Sie trugen Schilder mit Aufschriften wie „Moral ist keine Waffe" und „Freiheit statt Schuld".

Gruber reagierte mit noch härteren Maßnahmen. Er forderte eine gesetzliche Regelung, die „Fake News" über seine Politik verbieten sollte. Doch damit hatte er die Grenze überschritten. Selbst innerhalb seiner eigenen Partei regte sich Widerstand. Einige Abgeordnete warfen ihm vor, demokratische Prinzipien zu untergraben.

In einer hitzigen Debatte im Parlament wurde Gruber schließlich zu einem Rücktritt gezwungen. Doch seine Unterstützer blieben – und mit ihnen die Frage: Wie viel moralische Kontrolle ist zu viel?

Die Natur moralischer Kontrolle

Moralische Normen haben von Natur aus eine regulierende Funktion. Sie geben vor, welches Verhalten akzeptabel ist und welches nicht, und schaffen so eine Grundlage für das gesellschaftliche Zusammenleben. Doch diese Regulierung wird problematisch, wenn sie nicht mehr auf freiwilliger Zustimmung basiert, sondern durch sozialen oder politischen Druck erzwungen wird.

In demokratischen Gesellschaften basiert die Macht moralischer Kontrolle oft auf der öffentlichen Meinung. Wer gegen die vorherrschenden moralischen Werte verstößt, riskiert soziale Ächtung, berufliche Nachteile oder den Verlust von Ansehen. Politiker und Parteien nutzen diese Dynamik gezielt, um bestimmte Verhaltensweisen zu fördern oder zu verhindern.

Moral und Schuld: Ein wirksames Kontrollmittel

Einer der wirkungsvollsten Mechanismen moralischer Kontrolle ist die Erzeugung von Schuld. Die rot-grüne Politik hat es meisterhaft verstanden, moralische Schuldgefühle zu instrumentalisieren. Ein Beispiel hierfür ist die Klimapolitik. Bürger werden häufig mit Aussagen wie „Jeder ist verantwortlich für den Klimawandel" konfrontiert, wodurch eine kollektive Schuld erzeugt wird.

Diese Schuldgefühle führen oft zu einem hohen Maß an Konformität. Menschen passen ihr Verhalten an, um den moralischen Erwartungen zu entsprechen und sich von der Schuld zu befreien. Dies mag kurzfristig politisch wirksam sein, kann aber langfristig zu Resignation oder Widerstand führen, wenn die Forderungen als überzogen empfunden werden.

Die Rolle der Medien

Die Medien spielen eine entscheidende Rolle bei der Verbreitung und Verstärkung moralischer Normen. Sie bestimmen, welche Themen als moralisch wichtig gelten, und inszenieren moralische Konflikte oft in vereinfachter Form. Grüne Themen wie Klimaschutz und nachhaltiger Konsum oder rote Themen wie soziale Gerechtigkeit und Antidiskriminierung werden durch die Medien häufig als moralische Imperative dargestellt.

Gleichzeitig neigen Medien dazu, abweichende Meinungen zu marginalisieren. Kritiker bestimmter politischer Maßnahmen werden schnell als moralisch fragwürdig dargestellt, was zu einer Spaltung der Gesellschaft führen kann. Die medial vermittelte Moral wird so zum Hebel, um politischen Druck aufzubauen und abweichende Meinungen zu unterdrücken.

Moral und Gesetzgebung

Ein weiteres Mittel moralischer Kontrolle ist die gesetzliche Verankerung moralischer Normen. Gesetze, die auf moralischen Prinzipien beruhen, sind nicht ungewöhnlich – etwa der Schutz der Menschenrechte oder der Umwelt. Doch wenn moralische Vorstellungen allzu dominant werden, können sie die Freiheit des Einzelnen einschränken.

Ein Beispiel ist die Debatte um die Verkehrspolitik. Maßnahmen wie Fahrverbote, Tempolimits oder hohe CO_2-Steuern werden oft mit dem Argument begründet, sie seien moralisch notwendig, um die Klimaziele zu erreichen. Kritiker werfen den Verantwortlichen jedoch vor, dass diese Maßnahmen oft paternalistisch wirken und die Entscheidungsfreiheit der Bürger stark einschränken.

Der moralische Druck im Alltag

Auch im Alltag spüren Menschen die Wirkung moralischer Kontrolle. Konsumgewohnheiten werden zunehmend moralisch bewertet: Plastikverzicht, vegane Ernährung oder die Nutzung öffentlicher Verkehrsmittel gelten als moralisch vorbildlich. Wer diesen Normen nicht entspricht, wird schnell als „rücksichtslos" oder „unsolidarisch" abgestempelt.

Dieser moralische Druck kann soziale Spannungen verschärfen. Menschen, die aus wirtschaftlichen oder persönlichen Gründen nicht in der Lage sind, die moralischen Standards zu erfüllen, fühlen sich oft ausgegrenzt. Gleichzeitig entsteht bei denjenigen, die die Normen erfüllen, eine Art moralische Selbstgerechtigkeit, die den gesellschaftlichen Zusammenhalt weiter untergräbt.

Kapitel 15: Die grüne Moral: Ökologie und Ethik

D er Klimawandel, die Zerstörung von Lebensräumen und die Endlichkeit natürlicher Ressourcen haben ökologische Fragen in den Mittelpunkt des politischen und gesellschaftlichen Diskurses gerückt. Die grüne Bewegung, angeführt von Parteien wie Bündnis 90/Die Grünen, hat es geschafft, diese Themen nicht nur zu politisieren, sondern auch zu moralischen Imperativen zu erheben. In diesem Kapitel untersuchen wir die Grundlagen der grünen Moral, ihre politischen Strategien und die Herausforderungen, die sich daraus für die Gesellschaft ergeben.

Die Wurzeln der grünen Moral

Die grüne Moral basiert auf dem Prinzip der Verantwortung gegenüber der Natur, zukünftigen Generationen und der globalen Gemeinschaft. Dieses Prinzip findet sich schon in Hans Jonas' Werk "Das Prinzip Verantwortung", das eine Ethik der Nachhaltigkeit postuliert. Jonas argumentierte, dass der Mensch durch seine technologischen Fähigkeiten eine nie dagewesene Macht über die Natur erlangt habe und deshalb eine besondere Verantwortung trage, diese Macht mit Bedacht einzusetzen.

Die grüne Bewegung hat diese Verantwortung als moralischen Imperativ verinnerlicht. Nachhaltigkeit gilt als oberstes Ziel, das über kurzfristigen ökonomischen Interessen oder individuellen Freiheiten stehen soll. Dieser Ansatz wird oft durch emotionale Appelle unterstützt: Bilder von schmelzenden Gletschern, brennenden Wäldern und sterbenden Tieren sollen die Dringlichkeit des Handelns verdeutlichen.

Politische Strategien der grünen Moral

Die Grünen haben erfolgreich eine Politik etabliert, die auf ökologischen Werten basiert. Ihre Strategien umfassen sowohl direkte gesetzgeberische Maßnahmen als auch die Beeinflussung der öffentlichen Meinung.

1. **Gesetzgebung:** Politische Initiativen wie das Klimaschutzgesetz, die Energiewende oder die Einführung von CO_2-Preisen zielen darauf ab, umweltfreundliches Verhalten zu fördern und klimaschädliches Verhalten zu bestrafen. Diese Maßnahmen werden häufig mit dem Argument gerechtfertigt, dass sie moralisch notwendig seien, um das Überleben des Planeten zu sichern.

2. **Mediale Präsenz:** Die Grünen nutzen gezielt Medienkampagnen, um ökologische Themen emotional aufzuladen. Bilder und Berichte über Umweltkatastrophen schaffen ein Bewusstsein für die Dringlichkeit der Klimakrise und positionieren grüne Parteien als Retter der Natur.

3. **Bildung und Sozialisation:** Durch Programme in Schulen und öffentlichen Einrichtungen wird die grüne Moral systematisch vermittelt. Kinder und Jugendliche werden dazu ermutigt, nachhaltig zu handeln, was langfristig eine Veränderung gesellschaftlicher Werte bewirken soll.

Die Kehrseite der grünen Moral

So sehr die Ziele der grünen Moral auf den ersten Blick lobenswert erscheinen, gibt es auch kritische Stimmen, die auf die Schattenseiten hinweisen.

1. **Moralischer Dogmatismus:** Kritiker werfen der grünen Bewegung vor, ihre Werte als alternativlos darzustellen und abweichende Meinungen zu stigmatisieren. Wer die Notwendigkeit bestimmter Maßnahmen infrage stellt, wird schnell als „Klimaleugner" oder „unsolidarisch" abgestempelt.

2. **Belastung der Bürger:** Viele grüne Maßnahmen wie CO_2-Steuern oder der Verzicht auf fossile Energien belasten vor allem einkommensschwache Bevölkerungsschichten. Dies führt zu sozialen Spannungen und dem Vorwurf, dass die grüne Politik elitär sei und die Lebensrealität vieler Menschen ignoriere.

3. **Eingeschränkte Freiheit:** Grüne Politik wird oft als paternalistisch wahrgenommen, da sie das Verhalten der Menschen durch strikte Regeln und Verbote steuern will. Ob Tempolimits, Fleischver-

zicht oder die Regulierung von Flugreisen – die grüne Moral greift tief in das private Leben der Bürger ein.

Die Spaltung der Gesellschaft

Die grüne Moral hat auch zur Polarisierung der Gesellschaft beigetragen. Während Teile der Bevölkerung die ökologische Wende als moralisch notwendig unterstützen, fühlen sich andere durch die Forderungen überfordert oder bevormundet. Diese Spaltung zeigt sich besonders deutlich in der Debatte um den Kohleausstieg oder den Ausbau erneuerbarer Energien, bei denen wirtschaftliche Interessen und ökologische Ziele aufeinanderprallen.

Der moralische Druck, nachhaltig zu leben, führt zudem zu einer Form der „Öko-Selbstgerechtigkeit". Menschen, die ihre ökologische Verantwortung vorbildlich wahrnehmen, neigen dazu, andere zu verurteilen, die dies nicht tun. Dies untergräbt den gesellschaftlichen Zusammenhalt und verstärkt soziale Gräben.

Der globale Kontext

Die grüne Moral hat nicht nur nationale, sondern auch globale Auswirkungen. Industrieländer wie Deutschland betrachten sich oft als Vorreiter im Klimaschutz und fordern andere Nationen auf, ihrem Beispiel zu folgen. Doch viele Schwellen- und Entwicklungsländer empfinden dies als heuchlerisch, da die Industrialisierung des Westens maßgeblich zur globalen Umweltzerstörung beigetragen hat.

Dieser moralische Imperialismus kann geopolitische Spannungen verstärken. Entwicklungsländer argumentieren, dass sie ein Recht auf wirtschaftliches Wachstum haben, auch wenn dies mit einem höheren CO_2-Ausstoß einhergeht. Die Forderung nach einem universellen ökologischen Standard wird daher oft als Versuch des Westens wahrgenommen, seine eigenen Interessen durchzusetzen.

Kapitel 16: Die rote Moral: Gerechtigkeit und Gleichheit

Die Fabrikpfiffe hallten wie ein Stakkato des Elends über das neblige Ruhrgebiet. Es war 1850, und die Industrielle Revolution hatte Deutschland fest im Griff. Städte wuchsen wie Pilze aus dem Boden, angetrieben von Schloten, die unermüdlich Rauch und Ruß in den Himmel spien. Mit jedem Glockenschlag begann ein neuer Tag des Schindens und Schuftens, und mit jedem Ausatmen gaben die Arbeiter ein Stück ihrer Gesundheit und Hoffnung an die Maschinen ab.

Jakob Stein war einer von ihnen. Doch anders als die meisten seiner Kollegen war Jakob nicht bereit, seine Stimme in der Kakophonie der Dampfhämmer und Webstühle zu verlieren. In den dunklen Ecken der Kneipen, zwischen warmem Bier und kalten Revolutionsträumen, begann Jakob zu sprechen. Und die Arbeiter hörten zu.

Jakob Stein wurde 1827 als Sohn eines Schmieds in einem kleinen Dorf nahe Essen geboren. Schon früh lernte er, dass Arbeit nicht nur die Hände schwärzt, sondern auch die Seele schwer macht. Mit zwölf Jahren begann er in den Kohlengruben zu arbeiten, und bald sah er, wie Menschen durch die Maschinen verschluckt wurden – im wörtlichen wie im metaphorischen Sinn. „Die Maschine ist ein Teufel", pflegte sein Vater zu sagen, „aber der wahre Dämon sitzt in den Herrenhäusern."

Jakobs erster Kontakt mit der Idee des Widerstands kam durch ein Buch, das er in der Werkstatt eines Freundes fand: Das Kommunistische Manifest von Karl Marx und Friedrich Engels. Die Worte brannten sich in sein Herz wie glühendes Eisen: „Proletarier aller Länder, vereinigt euch!" Jakob wusste, dass diese Worte nicht bloße Theorie waren – sie waren eine Einladung zur Rebellion.

Die Industrialisierung brachte Reichtum und Innovation, aber sie hatte einen dunklen Preis: Die Arbeiterklasse wurde zu einer neuen Form des Adelsopfers. Lange Arbeitstage, Hungerlohn, Kinderarbeit

– die Gesellschaft war in zwei Lager geteilt: die Bourgeoisie, die herrschte, und das Proletariat, das litt.

Jakob erkannte, dass diese Ungleichheit nicht einfach verschwinden würde. Gemeinsam mit anderen Arbeitern begann er, Treffen zu organisieren. Sie trafen sich im Verborgenen, unter dem Vorwand von Liederabenden oder Bibelstunden, um die Idee der Solidarität zu verbreiten. Aus diesen Treffen entstand etwas Größeres: die erste organisierte Gewerkschaft in seiner Region.

Die Arbeiterbewegung nahm Gestalt an. In den 1860er Jahren verband sich Jakobs lokaler Kampf mit der größeren sozialistischen Bewegung. Führende Denker wie Marx und Engels lieferten den ideologischen Unterbau, doch es waren Männer wie Jakob, die die Bewegung mit Leben füllten.

Die 1870er Jahre waren geprägt von Aufständen und Unterdrückung. Die Obrigkeit sah in der Arbeiterbewegung eine Bedrohung und reagierte mit Härte. Demonstrationen wurden niedergeschlagen, Streiks verboten, und Jakob selbst landete zweimal im Gefängnis. Doch jeder Schlag, der ihn traf, schärfte seinen Willen.

„Gerechtigkeit ist kein Geschenk," sagte Jakob einmal bei einer Versammlung. „Sie ist etwas, das wir uns nehmen müssen." Seine Worte wurden zum Leitmotiv der Bewegung. Die Arbeiter waren nicht mehr bereit, stumm zu leiden. Sie forderten Rechte: den Achtstundentag, bessere Löhne, ein Ende der Kinderarbeit.

Jakobs unermüdlicher Einsatz brachte ihm den Respekt seiner Kollegen ein, doch es machte ihn auch zur Zielscheibe. Fabrikbesitzer bezahlten Schläger, um ihn einzuschüchtern, und die Polizei beobachtete ihn rund um die Uhr. Doch Jakob ließ sich nicht beirren. „Wenn wir heute schweigen, schweigen wir für immer", sagte er.

Jakob war nicht allein in seinem Kampf. Die Idee der sozialen Gerechtigkeit, die er verkörperte, hatte tiefe Wurzeln in der Philosophie des 19. Jahrhunderts. Karl Marx und Friedrich Engels hatten die strukturelle Ausbeutung des Kapitalismus analysiert und eine Welt skizziert, in der Gleichheit und Solidarität herrschen sollten.

Für Jakob waren diese Ideen keine Theorie, sondern gelebte Realität. Die „rote Moral", wie sie später genannt wurde, war ein Gegenentwurf zur brutalen Logik des Marktes. Sie propagierte, dass der Wert eines Menschen nicht durch seinen Besitz bestimmt wird, sondern durch seine Würde. Es war eine Moral, die auf Solidarität, Chancengleichheit und Gerechtigkeit basierte.

Doch die rote Moral war auch umstritten. Gegner warfen ihr vor, utopisch und unrealistisch zu sein. Manche sahen in ihr eine Gefahr für die persönliche Freiheit. Jakob und seine Mitstreiter wussten, dass sie diesen Vorwürfen begegnen mussten – nicht nur durch Worte, sondern durch Taten.

1875 war ein entscheidendes Jahr für die Arbeiterbewegung. In Gotha wurde die Sozialistische Arbeiterpartei Deutschlands (SAP) gegründet, die Vorläuferin der späteren SPD. Jakob war Delegierter bei diesem historischen Treffen. Die Gründung einer Partei war für ihn ein Traum, der wahr wurde – aber auch eine neue Herausforderung.

Die SAP war mehr als eine politische Organisation; sie war ein Symbol für den Aufstieg der Arbeiterklasse. Doch sie war auch ein Schauplatz für interne Konflikte. Einige Mitglieder wollten radikale Revolution, während andere für Reformen eintraten. Jakob gehörte zu den Pragmatikern. „Revolutionen sind wie Feuer", sagte er. „Sie können wärmen, aber sie können auch alles verbrennen."

Mit seiner pragmatischen Haltung half Jakob, die Partei zu stabilisieren. Unter seiner Führung organisierte die SAP Streiks, Demonstrationen und Bildungsprogramme. Die Arbeiter begannen, ihre eigene Macht zu erkennen. Doch die Reaktion der Regierung war brutal. Das Sozialistengesetz von 1878 verbot die Partei und ihre Aktivitäten.

Jakob wurde erneut verhaftet, und dieses Mal drohte ihm eine längere Haftstrafe. Doch dank einer internationalen Solidaritätskampagne wurde er freigelassen und floh nach London. Dort traf er Karl Marx persönlich, der ihm riet, nicht aufzugeben. „Die Geschichte ist auf unserer Seite", sagte Marx. „Aber wir müssen sie selbst schreiben."

Im Exil entwickelte Jakob neue Strategien. Er arbeitete an Zeitungen, knüpfte Kontakte und bildete sich weiter. Doch er sehnte sich nach seiner Heimat. 1890, als das Sozialistengesetz aufgehoben wurde, kehrte er zurück. Die SAP war nun wieder legal und wurde zur SPD.

Jakob verbrachte die letzten Jahre seines Lebens damit, die Partei aufzubauen. Er sah, wie die rote Moral nicht nur zur politischen Realität, sondern auch zur Hoffnung für Millionen wurde. Als er 1905 starb, trugen Tausende Arbeiter seinen Sarg durch die Straßen.

Jakob Stein mag heute vergessen sein, aber sein Geist lebt weiter. Die Arbeiterbewegung, die er mit aufbaute, hat die Welt verändert. Der Achtstundentag, das Wahlrecht, der Sozialstaat – all das ist sein Vermächtnis. Doch die rote Moral ist nicht frei von Widersprüchen. Wie jede Ideologie birgt sie die Gefahr, dogmatisch zu werden.

Heute, in einer Welt, die von neuen Ungleichheiten und Krisen geprägt ist, stellt sich die Frage: Können die Ideale der roten Moral erneuert werden? Jakob Stein würde sagen: „Die Gerechtigkeit stirbt nie – solange es Menschen gibt, die für sie kämpfen."

Sein Leben ist eine Erinnerung daran, dass Freiheit und Gleichheit keine abstrakten Begriffe sind. Sie sind das Herz, das die Gesellschaft am Schlagen hält. Und manchmal braucht es einen Rebellen wie Jakob, um dieses Herz in Bewegung zu setzen.

Die Idee der sozialen Gerechtigkeit ist tief in der politischen Tradition der Sozialdemokratie verwurzelt. Parteien wie die SPD und ihre linken Verbündeten propagieren Werte wie Gleichheit, Solidarität und Chancengleichheit als moralische Grundpfeiler ihrer Politik. In diesem Kapitel untersuchen wir die Grundlagen der roten Moral, ihre historischen und ideologischen Wurzeln und die Spannungen, die sich aus ihren Forderungen ergeben. Wie auch die grüne Moral birgt die rote Moral Chancen, aber auch Risiken – vor allem, wenn sie dogmatisch oder polarisierend eingesetzt wird.

In einer Zeit, in der die Industrialisierung zu massiven sozialen Ungleichheiten führte, erhoben Denker wie Karl Marx und Friedrich Engels die Forderung nach einer gerechteren Verteilung von Reichtum und Macht. Ihre Kritik an der Ausbeutung des Proletariats durch die Bourgeoisie legte den ideologischen Grundstein für den Sozialismus und die Sozialdemokratie.

Das zentrale Ziel war von Beginn an, soziale Ungleichheit zu bekämpfen und die Lebensbedingungen der arbeitenden Bevölkerung zu verbessern. Dieses Ziel wurde durch die moralische Überzeugung untermauert, dass alle Menschen das Recht auf ein würdevolles Leben haben – unabhängig von ihrer Herkunft, ihrem Vermögen oder ihrem sozialen Status.

Prinzipien der roten Moral

Die rote Moral basiert auf mehreren zentralen Prinzipien, die bis heute das Denken und Handeln sozialdemokratischer Parteien prägen:

1. **Gleichheit:** Alle Menschen sollen gleiche Chancen und Rechte haben. Soziale Ungleichheit wird als moralisches Problem betrachtet, das aktiv bekämpft werden muss.

2. **Solidarität:** Die Gemeinschaft trägt Verantwortung für ihre schwächsten Mitglieder. Dies manifestiert sich in Forderungen nach sozialer Umverteilung, staatlicher Unterstützung und kollektiven Sicherungssystemen.

3. **Gerechtigkeit:** Gerechtigkeit wird nicht nur als rechtliche, sondern auch als soziale und wirtschaftliche Kategorie verstanden. Eine gerechte Gesellschaft ist eine, in der niemand durch strukturelle Benachteiligungen zurückgelassen wird.

4. **Antidiskriminierung:** Die Bekämpfung von Rassismus, Sexismus und anderen Formen der Diskriminierung ist ein zentraler Bestandteil der roten Moral.

Politische Strategien der roten Moral

Sozialdemokratische Parteien setzen ihre moralischen Prinzipien durch eine Reihe von politischen Maßnahmen um, die oft als „soziale Errungenschaften" gefeiert werden. Dazu gehören:

1. **Umverteilung:** Durch progressive Steuersysteme und soziale Transferleistungen wie Kindergeld, Wohngeld oder Arbeitslosenunterstützung wird versucht, soziale Ungleichheiten auszugleichen.

2. **Arbeitsrecht:** Der Schutz von Arbeitnehmerrechten, Mindestlöhne und Gewerkschaften sind zentrale Instrumente der roten Politik.

3. **Sozialversicherung:** Renten-, Kranken- und Arbeitslosenversicherungen dienen als Sicherheitsnetz für Bürger und gelten als moralische Verpflichtung des Staates.

4.   **Quotenregelungen:** Um Diskriminierung zu bekämpfen, werden Quotenregelungen in Unternehmen und öffentlichen Institutionen eingeführt.

Die Kehrseite der roten Moral

Trotz ihrer hehren Ziele ist die rote Moral nicht frei von Kritik. Einige der zentralen Herausforderungen und Widersprüche lauten:

1.   **Bevormundung durch den Staat:** Kritiker werfen der Sozialdemokratie vor, dass ihre Politik oft paternalistisch sei und die Eigenverantwortung des Einzelnen untergrabe. Die extensive Umverteilung führe dazu, dass Menschen von staatlichen Leistungen abhängig würden.

2.   **Polarisierung:** Die rote Moral neigt dazu, die Gesellschaft in „Unterdrücker" und „Unterdrückte" zu spalten. Wohlhabende werden häufig als moralisch fragwürdig dargestellt, während Arme und Benachteiligte idealisiert werden. Diese Dichotomie kann sozialen Zusammenhalt erschweren.

3.   **Einschränkung der Leistungsgerechtigkeit:** Die Betonung von Gleichheit führt oft dazu, dass Leistung und Individualität weniger gewürdigt werden. Dies kann dazu führen, dass Anreize für unternehmerisches Handeln oder persönliche Ambitionen verloren gehen.

4.   **Missbrauch moralischer Narrative:** Sozialdemokratische Parteien nutzen die rote Moral oft, um politische Gegner zu delegitimieren. Wer sich gegen bestimmte Maßnahmen wie Steuererhöhungen ausspricht, wird schnell als „unsolidarisch" oder „sozial kalt" gebrandmarkt.

Die Spaltung in der roten Bewegung

Ein weiteres Problem ist die innere Spaltung der roten Bewegung. Während traditionelle Sozialdemokraten auf wirtschaftliche Gleichheit und soziale Absicherung fokussiert sind, betonen moderne linke Bewegungen zunehmend Identitätspolitik und kulturelle Diversität. Dies führt zu Konflikten innerhalb der Parteien, da traditionelle Wähler – etwa aus der Arbeiterklasse – sich von den progressiven, urbanen Eliten entfremdet fühlen.

Ein Beispiel ist die Debatte um Migration. Während die rote Moral verlangt, Flüchtlinge und Migranten aufzunehmen, sehen viele traditionelle Wähler darin eine Bedrohung für ihre sozialen Sicherungssysteme. Diese Spannungen zeigen die Grenzen einer allzu starren moralischen Agenda.

Rote Moral und wirtschaftliche Realität

Ein weiterer Konfliktpunkt ist die Vereinbarkeit der roten Moral mit der wirtschaftlichen Realität. Soziale Gerechtigkeit erfordert oft hohe staatliche Ausgaben, die durch Steuern finanziert werden müssen. Doch hohe Steuern können Unternehmen und Wohlhabende dazu bewegen, ihr Kapital ins Ausland zu verlagern. Dies führt zu einem Dilemma: Wie kann soziale Gerechtigkeit finanziert werden, ohne die wirtschaftliche Basis zu gefährden?

Kapitel 17: Freiheit versus Gleichheit – Der ewige Streit

D ie Begriffe Freiheit und Gleichheit stehen seit Jahrhunderten im Zentrum politischer und moralischer Debatten. Beide gelten als zentrale Werte moderner Demokratien, doch ihre gleichzeitige Verwirklichung führt immer wieder zu Konflikten. Während Freiheit dem Einzelnen Autonomie und Selbstbestimmung verspricht, zielt Gleichheit darauf ab, soziale Ungerechtigkeiten auszugleichen und Chancen zu nivellieren. In diesem Kapitel untersuchen wir, warum diese beiden Prinzipien so oft in Widerspruch zueinander stehen, welche Rolle politische Ideologien dabei spielen und wie sich dieser Konflikt in der modernen Gesellschaft manifestiert.

Freiheit: Das Ideal der Autonomie

Freiheit wird in liberalen Demokratien als unverzichtbares Gut betrachtet. Sie umfasst nicht nur die persönliche Freiheit – wie Meinungs- oder Religionsfreiheit –, sondern auch die wirtschaftliche und politische Selbstbestimmung. Die Idee der Freiheit ist eng mit den philosophischen Gedanken der Aufklärung verknüpft, insbesondere mit John Lockes Konzept des Eigentums und Adam Smiths Vision eines freien Marktes.

In der modernen Gesellschaft wird Freiheit oft als Möglichkeit verstanden, das eigene Leben nach individuellen Vorstellungen zu gestalten. Diese Autonomie beinhaltet jedoch auch das Recht, Ungleichheiten hinzunehmen, solange sie das Ergebnis persönlicher Entscheidungen sind. Hier zeigt sich bereits ein erster Konflikt mit dem Gleichheitsprinzip: Die Freiheit des einen kann die Ungleichheit des anderen bedeuten.

Gleichheit: Das Ideal der Gerechtigkeit

Das Streben nach Gleichheit zielt darauf ab, soziale, wirtschaftliche und politische Unterschiede zu minimieren. Die Forderung nach Gleichheit ist ebenfalls ein Erbe der Aufklärung und der Französischen Revolution mit ihrem berühmten Motto: „Liberté, égalité, fraternité".

Während Freiheit individuelle Autonomie betont, sieht Gleichheit die Gesellschaft als Ganzes. Sie fordert von den Starken, den Schwachen zu helfen, und von den Wohlhabenden, ihren Reichtum zu teilen. In der Praxis bedeutet dies oft staatliche Eingriffe, wie progressive Steuersysteme, soziale Sicherungssysteme oder Quotenregelungen.

Doch die Umsetzung von Gleichheit steht immer wieder im Widerspruch zur Freiheit. Um eine gerechte Verteilung von Ressourcen oder Chancen zu gewährleisten, müssen individuelle Freiheiten eingeschränkt werden – etwa durch Steuerpflichten oder gesetzliche Vorgaben.

Der Konflikt zwischen Freiheit und Gleichheit

Der Konflikt zwischen Freiheit und Gleichheit ist grundlegend und strukturell. Freiheit erlaubt es den Menschen, unterschiedlich erfolgreich zu sein, was zwangsläufig zu Ungleichheiten führt. Gleichheit hingegen erfordert oft die Einschränkung von Freiheiten, um soziale Unterschiede auszugleichen.

Dieser Konflikt spiegelt sich in der politischen Landschaft wider:

• **Liberale und konservative Parteien** betonen die individuelle Freiheit und lehnen übermäßige staatliche Eingriffe ab. Sie argumentieren, dass Ungleichheiten das natürliche Ergebnis eines freien Wettbewerbs seien.

• **Linke und sozialdemokratische Parteien** setzen auf staatliche Regulierung, um Ungleichheiten zu verringern und soziale Gerechtigkeit zu fördern. Sie kritisieren, dass unregulierte Freiheit oft die Privilegierten bevorteilt und die Schwachen zurücklässt.

Aktuelle Beispiele des Konflikts

1. **Klimaschutz:** Maßnahmen zur Begrenzung des Klimawandels, wie CO_2-Steuern oder Fahrverbote, werden häufig als Einschränkung persönlicher Freiheit wahrgenommen. Gleichzeitig werden sie als notwendig dargestellt, um künftige Generationen vor

den Folgen der Erderwärmung zu schützen. Hier prallen die Freiheit des Einzelnen und das Gemeinwohl aufeinander.

2.   **Quotenregelungen:** Gender- und Diversity-Quoten in Unternehmen oder öffentlichen Institutionen zielen darauf ab, Gleichheit zu fördern. Kritiker sehen darin jedoch eine Einschränkung der Freiheit von Unternehmen und Einzelpersonen, Entscheidungen auf Basis von Leistung statt von Quoten zu treffen.

3.   **Wirtschaftliche Umverteilung:** Hohe Steuern auf Wohlhabende sollen zur Finanzierung sozialer Programme beitragen, doch sie werden oft als Eingriff in die Freiheit des Einzelnen kritisiert, über sein eigenes Vermögen zu verfügen.

4.   **Pandemiemaßnahmen:** Während der COVID-19-Pandemie wurden Maßnahmen wie Lockdowns, Maskenpflicht und Impfungen als notwendig erachtet, um Leben zu schützen und gesellschaftliche Gleichheit im Gesundheitssystem zu gewährleisten. Viele empfanden diese Einschränkungen jedoch als massive Beschneidung ihrer persönlichen Freiheit.

Philosophische Perspektiven

Philosophen wie John Rawls und Robert Nozick haben sich mit dem Spannungsfeld zwischen Freiheit und Gleichheit auseinandergesetzt.

•   **Rawls** argumentierte, dass soziale und wirtschaftliche Ungleichheiten nur dann gerechtfertigt seien, wenn sie auch den am wenigsten privilegierten Mitgliedern der Gesellschaft zugutekommen. Sein Konzept der „Gerechtigkeit als Fairness" versucht, Freiheit und Gleichheit in Einklang zu bringen.

•   **Nozick** hingegen betonte die Unantastbarkeit individueller Rechte und sah staatliche Eingriffe zur Förderung von Gleichheit als unzulässig an. Für ihn war jede Umverteilung eine Verletzung der individuellen Freiheit.

Die Suche nach Balance

Der Konflikt zwischen Freiheit und Gleichheit muss nicht zwangsläufig ein Nullsummenspiel sein. In einer pluralistischen Gesellschaft können beide Werte nebeneinander existieren, wenn sie in Balance gehalten werden. Eine Lösung könnte darin bestehen, die Freiheit so zu gestalten, dass sie niemanden von grundlegenden Chancen ausschließt, und gleichzeitig Gleichheit anzustreben, ohne individuelle Autonomie übermäßig einzuschränken.

• **Förderung von Chancengleichheit:** Statt absolute Gleichheit zu erzwingen, könnte der Fokus darauf liegen, allen Menschen die gleichen Startbedingungen zu ermöglichen, etwa durch Bildung, Gesundheitsversorgung und Zugang zu Ressourcen.

• **Subsidiarität:** Entscheidungen und Verantwortung sollten so nah wie möglich bei den betroffenen Individuen oder Gemeinschaften bleiben, um ihre Freiheit zu wahren.

Der Streit zwischen Freiheit und Gleichheit wird nie vollständig gelöst werden können, da er tief in den Werten und Idealen menschlicher Gesellschaften verankert ist. Dennoch bleibt er eine zentrale Herausforderung jeder politischen Ordnung.

Kapitel 18: Bürgerrechte in Zeiten moralischer Polarisierung

L eonard Falk (Anm.d.Red.: Name geändert), charismatischer Anführer der progressiven Linken, war ein Mann, der keine halben Sachen machte. Mit seiner imposanten Erscheinung und seinen flammenden Reden hatte er die Masse im Griff. Falk versprach einen radikalen Wandel: Eine Welt ohne Ungleichheit, in der jeder Bürger ein Zahnrad im großen Räderwerk des Staates sei. Doch seine Vision hatte ihren Preis. Bürgerrechte – Meinungsfreiheit, Versammlungsfreiheit, die Presse – wurden in seiner Agenda als Hindernisse betrachtet, die es zu überwinden galt.

„Wir müssen bereit sein, Opfer zu bringen", erklärte Falk bei einer Rede vor Tausenden Anhängern. „Die Freiheit des Einzelnen darf nicht über dem Wohl der Gemeinschaft stehen." Unter dem Deckmantel des Fortschritts plante er ein Gesetzespaket, das weitreichende Überwachungsmaßnahmen und die Einschränkung des öffentlichen Diskurses erlauben sollte. Seine Gegner nannten es ein „Manifest des Autoritarismus". Seine Anhänger sahen darin die Grundlage für eine gerechtere Gesellschaft.

Leonard Falks Gesetzespaket, offiziell als „Gesetz zur Sicherung der gesellschaftlichen Einheit" bezeichnet, zielte darauf ab, die öffentliche Meinung zu kontrollieren, um soziale Spannungen zu reduzieren. Doch Kritiker sahen darin nichts anderes als die Grundlage für einen totalitären Staat. Die konkreten Maßnahmen waren vielschichtig, und ihre Auswirkungen wären für die Bürger gravierend gewesen.

Falks Entwurf sah die Einführung eines staatlich kontrollierten Kommunikationsrats vor, der alle Medieninhalte vor Veröffentlichung prüfen sollte. Inhalte, die als „gesellschaftsspaltend", „hassfördernd" oder „kontraproduktiv für den sozialen Zusammenhalt" bewertet wurden, sollten blockiert oder umgeschrieben werden. Private Medienunternehmen sollten verpflichtet werden, mit dem Kommunikationsrat zusammenzuarbeiten.

Ein kritischer Artikel in einer Tageszeitung über die steigenden Steuern für den Mittelstand könnte vom Kommunikationsrat als „destabilisierend" eingestuft und verboten werden. Ebenso könnten Beiträge, die bestimmte politische Entscheidungen hinterfragen, als „unverantwortlich" deklariert und zensiert werden.

Journalisten und Medienhäuser würden sich zunehmend selbst zensieren, um Konflikte mit den Behörden zu vermeiden. Eine freie Presse, die als vierte Gewalt im Staat agiert, wäre faktisch abgeschafft. Stattdessen würde nur noch eine staatlich gelenkte Berichterstattung existieren.

Eine weitere Säule des Gesetzespakets war die Einführung eines Algorithmus zur Echtzeitüberwachung sozialer Medien. Künstliche Intelligenz sollte Beiträge, Kommentare und Nachrichten analysieren und bei Verdacht auf „destruktive Inhalte" automatisch löschen. Nutzer, die wiederholt gegen die neuen Regeln verstießen, sollten mit einer temporären oder dauerhaften Sperrung ihrer Online-Accounts rechnen.

Beispiel: Ein Bürger postet auf einer Plattform Kritik an der Regierung, beispielsweise: „Die neuen Maßnahmen schränken unsere Freiheit ein!" Der Algorithmus könnte dies als „potenziell gesellschaftsspaltend" erkennen, den Beitrag löschen und dem Nutzer eine Warnung aussprechen. Wiederholte Verstöße könnten dazu führen, dass der Bürger keinen Zugang mehr zu sozialen Netzwerken hat.

Das Internet, bisher ein Ort des freien Meinungsaustauschs, würde zu einem kontrollierten Raum werden. Viele Menschen würden aus Angst vor Strafen schweigen, was eine Atmosphäre der Konformität schaffen würde. Kritik am Staat wäre faktisch nicht mehr öffentlich möglich.

Falk plante auch die Einrichtung sogenannter „Wahrheitsbüros" in allen größeren Städten. Diese sollten sich mit der „Überprüfung und Korrektur falscher Aussagen" befassen. Bürger und Organisationen, die öffentlich unwahre oder verzerrte Informationen verbreiten, sollten verpflichtet werden, eine Gegendarstellung zu veröffentlichen. Bei Weigerung drohten hohe Geldstrafen oder Gefängnis.

Beispiel: Ein Unternehmer gibt in einem Interview an, dass die neue Steuerpolitik kleinen Betrieben schadet. Das Wahrheitsbüro stuft die Aussage als „irreführend" ein und verlangt eine öffentliche Gegendarstellung. Die Weigerung, dies zu tun, führt zu einer Klage und zur Schließung seines Betriebs.

Selbst gut begründete, aber vom Staat abweichende Meinungen könnten als „falsch" eingestuft und kriminalisiert werden. Bürger und Organisationen würden sich kaum noch trauen, abweichende Positionen öffentlich zu vertreten.

Schulen und Universitäten sollten verpflichtet werden, nur „gesellschaftlich förderliche Inhalte" zu lehren. Historische Ereignisse und politische Theorien sollten so unterrichtet werden, dass sie die neue Ideologie des sozialen Fortschritts unterstützen. Kritik am Staat oder an Falks Maßnahmen sollte als „ideologisch belastet" gelten und aus dem Lehrplan gestrichen werden.

Ein Geschichtslehrer, der in der Klasse eine Debatte über die Gefahren von Überwachungssystemen anregen möchte, könnte entlassen werden, da sein Unterricht als „politisch destruktiv" eingestuft wird.

Das Bildungssystem würde zu einem Propagandainstrument, das junge Menschen systematisch in die gewünschte ideologische Richtung lenkt. Kritisches Denken, ein Grundpfeiler demokratischer Bildung, würde verschwinden.

Diese Einschränkungen würden das Land in eine Gesellschaft verwandelt, in der abweichende Meinungen weder erlaubt noch möglich sind. Kritiker wären zum Schweigen gebracht, der öffentliche Diskurs gleichgeschaltet, und das Fundament der Demokratie – die offene Debatte – zerstört worden.

Die Bürger würden in einer Atmosphäre der Angst und Kontrolle leben, in der jede freie Äußerung mit dem Risiko verbunden wäre, Sanktionen zu erleiden.

Auf der anderen Seite stand Julius Riedel, ein bedächtiger, aber scharfsinniger Vertreter der konservativen Opposition. Wo Falks Worte wie ein Feuersturm loderten, war Riedels Ton nüchtern, fast schon kühl. Doch genau darin lag seine Stärke. Er sprach zur Vernunft der Menschen und appellierte an die Werte, die das Land jahrhundertelang getragen hatten: Freiheit, Individualität, Eigenverantwortung.

„Wenn wir unsere Grundrechte auf dem Altar des vermeintlichen Fortschritts opfern, verlieren wir nicht nur unsere Freiheit, sondern auch unsere Menschlichkeit", mahnte Riedel in einer Debatte im Parlament. Er versprach, Falks Gesetzespaket zu blockieren, koste es, was es wolle. Doch sein Weg war steinig. In einer Gesellschaft, die nach Sicherheit und Ordnung lechzte, wirkte sein Festhalten an traditionellen Werten auf viele rückwärtsgewandt.

Die entscheidende Schlacht zwischen den beiden Kontrahenten fand in einer denkwürdigen Parlamentssitzung statt, die bis tief in die Nacht andauerte. Falk brachte mit einer leidenschaftlichen Rede seine Anhänger in Stellung. Er sprach von einer Welt ohne Ungleichheit, von einer besseren Zukunft. Doch Riedel ließ sich nicht einschüchtern. Mit scharfen Argumenten und einem unerschütterlichen Glauben an die Demokratie entlarvte er die Schwächen von Falks Plan.

„Was Sie als Fortschritt verkaufen, ist nichts anderes als eine neue Form der Knechtschaft", donnerte Riedel und erhielt tosenden Applaus von den konservativen Reihen. Doch es war nicht sicher, ob dies ausreichen würde, um Falks Vorstoß zu stoppen. Die Abstimmung stand kurz bevor, und das Land hielt den Atem an.

Während die Abgeordneten ihre Stimmen abgaben, versammelten sich draußen vor dem Parlamentsgebäude Tausende Menschen. Demonstranten beider Seiten lieferten sich hitzige Debatten, manche gewaltfrei, andere nicht. Es war ein Spiegelbild des tief gespaltenen Landes. Auf Bannern standen Slogans wie „Freiheit für alle!" und „Gleichheit vor Freiheit!".

Als das Ergebnis verkündet wurde, zeigte sich, dass der Konflikt das Land noch lange prägen würde. Falk hatte zwar einen knappen Sieg errungen, doch Riedel hatte einen Funken entzündet – einen Funken, der die Debatte über Freiheit und Sicherheit am Leben hielt.

Bürgerrechte sind die fundamentalen Freiheiten und Schutzmechanismen, die den Einzelnen in einer Demokratie vor Übergriffen des Staates und vor der Unterdrückung durch die Mehrheit schützen sollen. Doch in einer zunehmend polarisierten Gesellschaft, in der moralische Narrative immer dominanter werden, geraten diese

Rechte unter Druck. In diesem Kapitel untersuchen wir, wie moralische Polarisierung die Bürgerrechte bedroht, wie politische Akteure – insbesondere rot-grüne Parteien – moralische Argumente nutzen, um Freiheiten einzuschränken, und welche Strategien zum Schutz der Bürgerrechte erforderlich sind.

Die Rolle der Bürgerrechte in der Demokratie

Bürgerrechte wie Meinungsfreiheit, Versammlungsfreiheit, Schutz der Privatsphäre und Eigentumsrechte sind die Säulen einer liberalen Demokratie. Sie sollen garantieren, dass Individuen ihre eigenen Werte und Überzeugungen frei entwickeln und vertreten können, ohne durch staatliche oder gesellschaftliche Zwänge behindert zu werden.

Historisch wurden diese Rechte geschaffen, um Machtmissbrauch einzudämmen und die Autonomie des Einzelnen zu schützen. Doch Bürgerrechte sind keine Selbstverständlichkeit. Sie stehen immer wieder unter Druck – sei es durch autoritäre Regime, gesellschaftlichen Konformitätsdruck oder moralische Bevormundung.

Moralische Polarisierung als Bedrohung der Bürgerrechte

Moralische Polarisierung entsteht, wenn unterschiedliche gesellschaftliche Gruppen ihre Werte als die einzig legitimen darstellen und abweichende Meinungen als unmoralisch oder gefährlich brandmarken. Dies kann schwerwiegende Auswirkungen auf die Bürgerrechte haben, da moralische Narrative oft genutzt werden, um Einschränkungen zu rechtfertigen.

1.   **Meinungsfreiheit unter Druck:** In polarisierten Debatten werden abweichende Meinungen zunehmend als moralisch inakzeptabel dargestellt. Wer beispielsweise die Notwendigkeit von Klimaschutzmaßnahmen infrage stellt, riskiert, als „klimafeindlich" oder „verantwortungslos" verurteilt zu werden. Dies führt zu einer Selbstzensur, da viele Menschen aus Angst vor sozialen Konsequenzen schweigen.

2.   **Privatsphäre und Überwachung:** Moralische Argumente werden oft genutzt, um Eingriffe in die Privatsphäre zu rechtfertigen. So werden Überwachungsmaßnahmen häufig mit dem Schutz

vor Terrorismus oder der Bekämpfung von „Hassrede" begründet. In einer moralisch aufgeladenen Gesellschaft wird die Kontrolle des Einzelnen leicht als notwendige Maßnahme dargestellt, um das Gemeinwohl zu schützen.

3.   **Versammlungsfreiheit und Protest:** In moralischen Konflikten werden Demonstrationen und Proteste oft danach bewertet, ob sie den dominierenden moralischen Werten entsprechen. Bewegungen, die als „unmoralisch" gelten, wie etwa Proteste gegen Impfpflichten oder Maßnahmen zum Klimaschutz, werden oft stärker kriminalisiert oder delegitimiert als andere.

Rot-grüne Moral und die Bürgerrechte

Rot-grüne Parteien vertreten häufig moralische Ansprüche, die auf soziale Gerechtigkeit, ökologische Verantwortung und Antidiskriminierung abzielen. Diese Ziele sind grundsätzlich positiv, können jedoch Konflikte mit den Bürgerrechten erzeugen.

1.   **Klimaschutz versus Freiheit:** Klimaschutzmaßnahmen wie CO_2-Bepreisung, Tempolimits oder Flugverbote zielen darauf ab, das Verhalten der Bürger im Sinne ökologischer Ziele zu steuern. Kritiker sehen hierin eine Einschränkung der persönlichen Freiheit. Die moralische Rechtfertigung – „Es geht um die Rettung des Planeten" – macht es schwierig, diese Maßnahmen infrage zu stellen, ohne als unsolidarisch zu gelten.

2.   **Antidiskriminierung und Meinungsfreiheit:** Antidiskriminierungsgesetze, die auf den Schutz von Minderheiten abzielen, können zu Spannungen mit der Meinungsfreiheit führen. So wird die Grenze zwischen freier Meinungsäußerung und „Hassrede" immer wieder kontrovers diskutiert. Rot-grüne Parteien tendieren dazu, restriktivere Maßnahmen zu fordern, um diskriminierendes Verhalten zu bekämpfen, was jedoch auch zu einer Einschränkung der Debattenkultur führen kann.

3.   **Staatliche Eingriffe in die Privatsphäre:** Im Namen des Gemeinwohls unterstützen rot-grüne Parteien oft staatliche Eingriffe in die Privatsphäre, etwa zur Bekämpfung von Steuerhinterziehung oder illegaler Online-Aktivitäten. Kritiker warnen jedoch vor einem „gläsernen Bürger", bei dem das Recht auf Privatsphäre dem moralischen Ziel der Gerechtigkeit geopfert wird.

Strategien zum Schutz der Bürgerrechte

Um Bürgerrechte auch in Zeiten moralischer Polarisierung zu bewahren, sind gezielte Strategien erforderlich:

1. **Stärkung der Meinungsfreiheit:** Es muss Raum für abweichende Meinungen geben, ohne dass diese automatisch moralisch verurteilt werden. Eine offene Debattenkultur ist entscheidend, um eine pluralistische Gesellschaft zu erhalten.

2. **Klares Trennen von Moral und Gesetz:** Gesetze sollten auf neutralen Prinzipien beruhen und nicht auf moralischen Werten einzelner Gruppen. Dies schützt Minderheiten und verhindert die Instrumentalisierung des Rechts.

3. **Schutz vor Überwachung:** Der Schutz der Privatsphäre muss ein Grundpfeiler bleiben. Moralische Argumente dürfen nicht als Vorwand dienen, um weitreichende Überwachungsmaßnahmen einzuführen.

4. **Bildung und Aufklärung:** Bürger sollten dazu befähigt werden, moralische Narrative kritisch zu hinterfragen und ihre Rechte aktiv zu verteidigen. Politische Bildung kann dazu beitragen, die Bedeutung der Bürgerrechte ins Bewusstsein zu rücken.

Der Ausblick auf eine ausgewogene Moral

Bürgerrechte sind unverzichtbar für eine freie und offene Gesellschaft. Sie garantieren, dass moralische Debatten geführt werden können, ohne dass eine Seite die andere mundtot macht. Eine ausgewogene Moral muss darauf abzielen, diese Rechte zu schützen, anstatt sie zu untergraben.

Kapitel 19: Die Medien als Verstärker moralischer Dogmen

Die Medien spielen eine zentrale Rolle in der Vermittlung und Verstärkung moralischer Narrative. Sie bestimmen, welche Themen als wichtig gelten, wie sie dargestellt werden und welche moralischen Urteile daraus entstehen. In einer polarisierten Gesellschaft, in der Gut und Böse oft scharf voneinander abgegrenzt werden, tragen Medien maßgeblich dazu bei, moralische Dogmen zu verbreiten und zu verstärken. Dieses Kapitel beleuchtet die Mechanismen, durch die Medien Einfluss auf moralische Diskurse nehmen, und fragt, wie sich dieser Einfluss auf die Gesellschaft auswirkt.

Die Macht der Medien in moralischen Diskursen

Medien sind mehr als bloße Berichterstatter von Ereignissen – sie sind Meinungsbildner und moralische Instanzen. Durch die Auswahl und Gewichtung von Themen sowie die Art der Darstellung prägen sie das öffentliche Bewusstsein und setzen moralische Standards.

Beispiele:

• **Klimawandel:** Die mediale Berichterstattung über Umweltkatastrophen, wie schmelzende Gletscher oder Waldbrände, verleiht grünen Narrativen eine moralische Dringlichkeit. Kritiker dieser Narrative werden oft marginalisiert oder als unverantwortlich dargestellt.

• **Soziale Gerechtigkeit:** Medienberichte über soziale Ungleichheit oder Diskriminierung verstärken die rote Moral und rücken Themen wie Umverteilung und Antidiskriminierung in den Fokus.

Diese Berichterstattung hat zweifellos eine aufklärerische Funktion. Doch durch die moralische Aufladung bestimmter Themen entsteht auch eine einseitige Perspektive, die alternative Ansichten erschwert.

Die Mechanismen moralischer Verstärkung

Medien nutzen verschiedene Mechanismen, um moralische Narrative zu verstärken:

1. **Emotionale Aufladung:** Bilder von Leid, Zerstörung oder Ungerechtigkeit erzeugen Empathie und moralischen Druck. Ein Kind, das unter den Folgen des Klimawandels leidet, wird stärker wirken als abstrakte wissenschaftliche Fakten.

2. **Simplifizierung:** Komplexe Zusammenhänge werden oft auf einfache Dichotomien reduziert: „gut" versus „böse". Dies erleichtert den Zugang zum Thema, verhindert aber differenzierte Diskussionen.

3. **Personalisierung:** Durch die Fokussierung auf Einzelpersonen, wie Greta Thunberg im Klimadiskurs oder Opfer von Diskriminierung, werden moralische Narrative stärker emotionalisiert.

4. **Reichweite sozialer Medien:** Plattformen wie Twitter, Instagram oder Facebook verstärken moralische Narrative durch virale Verbreitung und die Möglichkeit, schnelle moralische Urteile zu fällen („Shitstorms").

Die Rolle der sozialen Medien

Während traditionelle Medien wie Fernsehen und Zeitungen den Diskurs maßgeblich beeinflussen, haben soziale Medien eine neue Dynamik geschaffen. Hier werden moralische Narrative nicht nur konsumiert, sondern aktiv gestaltet. Jeder Nutzer kann Inhalte teilen, kommentieren und moralische Urteile fällen.

Doch diese Demokratisierung hat auch Schattenseiten:

• **Echokammern:** Menschen tendieren dazu, sich mit Gleichgesinnten zu vernetzen, wodurch Meinungen und moralische Narrative verstärkt, aber nicht hinterfragt werden.

• **Cancel Culture:** Personen oder Gruppen, die gegen dominante moralische Narrative verstoßen, werden häufig öffentlich angeprangert und ausgeschlossen.

• **Desinformation:** Moralische Narrative können durch falsche oder übertriebene Informationen manipuliert werden, um bestimmte Agenden zu fördern.

Die Gefahren moralischer Medien

Die mediale Verstärkung moralischer Dogmen birgt mehrere Gefahren für die Gesellschaft:

1. **Polarisierung:** Wenn Medien Themen moralisch aufladen, entstehen Lager, die sich unversöhnlich gegenüberstehen. Dies erschwert den Dialog und die Suche nach Kompromissen.

2. **Delegitimierung von Kritik:** Abweichende Meinungen werden schnell als unmoralisch dargestellt, was den demokratischen Diskurs einschränkt.

3. **Manipulation:** Moralische Narrative können gezielt genutzt werden, um Meinungen zu steuern oder politische Ziele zu verfolgen.

Die Verantwortung der Medien

Medien tragen eine immense Verantwortung, da sie die moralische Landschaft einer Gesellschaft mitgestalten. Um dieser Verantwortung gerecht zu werden, müssen sie:

1. **Ausgewogenheit fördern:** Unterschiedliche Perspektiven sollten gleichberechtigt dargestellt werden, um ein breiteres Verständnis moralischer Fragen zu ermöglichen.

2. **Fakten betonen:** Emotionen sind ein starkes Mittel, um Aufmerksamkeit zu erzeugen, dürfen aber nicht Fakten ersetzen.

3. **Diskursräume schaffen:** Medien sollten als Plattformen für Debatten dienen, die verschiedene Meinungen zulassen, anstatt eine bestimmte moralische Agenda zu propagieren.

4. **Medienkompetenz stärken:** Bürger müssen lernen, kritisch mit medialen Inhalten umzugehen und deren moralische Aufladung zu hinterfragen.

Die Herausforderung für den Einzelnen

Die Macht der Medien bedeutet, dass Bürger sich aktiv mit den vermittelten moralischen Narrativen auseinandersetzen müssen. Dies erfordert:

• **Kritisches Denken:** Hinterfragen Sie, warum ein Thema auf eine bestimmte Weise dargestellt wird.

- **Vielfältige Informationsquellen:** Konsumieren Sie Medien aus unterschiedlichen Perspektiven, um ein umfassenderes Bild zu erhalten.
- **Reflexion:** Analysieren Sie Ihre eigenen moralischen Urteile und deren Herkunft.

Die Medien sind ein mächtiges Werkzeug zur Gestaltung moralischer Diskurse, doch ihre Verantwortung wird oft nicht ausreichend wahrgenommen. Moralische Narrative, die durch Medien verstärkt werden, können sowohl aufklärend als auch manipulierend wirken.

Kapitel 20: Die Wissenschaft zwischen Neutralität und Moralismus

Die Wissenschaft wird oft als neutrale Instanz betrachtet, die frei von politischen und moralischen Einflüssen agiert. Doch in einer Zeit, in der moralische Narrative den öffentlichen Diskurs dominieren, gerät auch die Wissenschaft unter Druck. Sie wird einerseits als Quelle objektiver Wahrheiten genutzt, andererseits zunehmend von politischen und moralischen Interessen instrumentalisiert.

Ein Wissenschaftler zwischen Moral und Wissenschaft"

Dr. Felix Sommer (Anm.d.Red.: Name geändert) war ein angesehener Klimaforscher, bekannt für seine Leidenschaft und seine eindringlichen Appelle zum Schutz der Umwelt. Mit seinen wissenschaftlichen Arbeiten hatte er wesentliche Beiträge zur Klimadebatte geleistet. Doch was niemand ahnte: Sommer war nicht nur Wissenschaftler, sondern auch ein Überzeugungstäter, der seine Forschung gezielt manipulierte, um die Agenda der Öko Partei zu unterstützen, der er seit Jahren nahestand.

Felix Sommer begann mit einer ehrlichen Überzeugung. Er sah den Klimawandel als die größte Bedrohung der Menschheit und glaubte, dass es seine moralische Pflicht war, nicht nur zu forschen, sondern auch die Menschen zu alarmieren. „Die Wahrheit allein reicht nicht", sagte er oft. „Die Menschen müssen spüren, dass es brennt." Doch mit der Zeit reichte ihm die wissenschaftliche Neutralität nicht mehr. Er begann, Ergebnisse selektiv zu präsentieren.

Der Bericht über Extremwetterereignisse

In einer vielbeachteten Studie über die Zunahme von Extremwetterereignissen stellte Sommer Daten aus den letzten 30 Jahren zusammen. Die Analyse zeigte tatsächlich eine steigende Häufigkeit bestimmter Wetterphänomene, etwa Hitzewellen in Europa. Doch

Sommer ließ einen wichtigen Teil der Daten weg: Regionen, in denen Extremwetterereignisse nicht zugenommen oder sogar abgenommen hatten. Er begründete dies intern mit den Worten: „Die Leute müssen verstehen, wie ernst die Lage ist. Diese Details lenken nur ab."

Seine Studie wurde weltweit zitiert und von der Öko Partei genutzt, um schärfere Klimamaßnahmen zu fordern. Kritiker, die auf die fehlenden Daten hinwiesen, wurden als „Klimaleugner" diskreditiert.

Sommer wusste, dass technologische Innovationen wie die Kernfusion oder CO_2-Abscheidung potenziell große Fortschritte für den Klimaschutz bedeuteten. Doch diese Themen passten nicht in die Agenda der Öko Partei, die auf erneuerbare Energien wie Wind und Solar setzte. In einem internen Memorandum an seine Kollegen schrieb Sommer: „Wir dürfen den Fokus nicht verwässern. Die Öko Revolution braucht klare Prioritäten."

Eine Studie zur Energiewende

Sommer veröffentlichte eine Arbeit, die zeigte, dass Wind- und Solarenergie innerhalb von zehn Jahren bis zu 80 % des Energiebedarfs decken könnten. Doch in den Berechnungen ließ er Faktoren wie Netzstabilität, Speicherkapazitäten und die Kosten für Infrastruktur aus. Gleichzeitig ignorierte er Forschungsergebnisse, die darauf hindeuteten, dass der Ausbau von Windparks in bestimmten Regionen zu ökologischen Schäden führte, etwa durch die Zerstörung von Lebensräumen seltener Vogelarten.

Seine Arbeit wurde zum Hauptargument der Ökos für den beschleunigten Ausbau von Windkraftanlagen. In betroffenen Regionen stießen die Projekte jedoch auf Widerstand, da lokale Umweltschäden und steigende Strompreise ignoriert wurden.

Felix Sommer ging noch weiter: In Interviews und Vorträgen übertrieb er bewusst, um öffentliche Aufmerksamkeit zu erlangen. In einem TED-Talk erklärte er: „Wenn wir nichts tun, werden Millionen Menschen in den nächsten fünf Jahren durch Klimakatastrophen sterben." Doch die zugrunde liegenden Studien, auf die er sich berief, sprachen von möglichen Szenarien für die nächsten 50 Jahre und hatten viele Unsicherheiten.

Die „Schmelzende Arktis"-Kampagne

Sommer startete eine medienwirksame Kampagne, die darauf hinwies, dass das arktische Eis innerhalb von zehn Jahren vollständig verschwinden könnte. Dabei wusste er, dass diese Aussage auf einem extremen Modell basierte, das von den meisten Klimaforschern als unwahrscheinlich eingestuft wurde.

Die Kampagne führte zu einer massiven Mobilisierung der Öffentlichkeit und einer Rekordzahl an Spenden für Umweltorganisationen. Doch sie trug auch zur Klimapanik bei und wurde später von Kritikern als „unwissenschaftlich alarmistisch" bezeichnet.

In internen Gesprächen verteidigte Sommer sein Vorgehen stets mit moralischen Argumenten: „Die Wissenschaft allein bringt uns nicht weiter. Wir brauchen Emotionen, wir brauchen Geschichten." Für ihn war die Wahrheit zweitrangig, solange der Zweck – die Rettung des Planeten – erreicht wurde.

Verschweigen von Unsicherheiten

In einem Forschungsprojekt zu den Auswirkungen des Klimawandels auf die Landwirtschaft ließ Sommer Unsicherheiten weg, die auf regionalen Unterschieden basierten. Während seine Daten für bestimmte Länder wie Indien deutliche Ertragsrückgänge zeigten, gab es andere Regionen, in denen höhere Temperaturen das Wachstum von Nutzpflanzen fördern könnten. Diese positiven Ergebnisse tauchten in seiner Publikation nicht auf.

Seine Arbeit wurde genutzt, um radikale Agrarprogramme zu rechtfertigen, die den Einsatz von Düngemitteln und Technologien einschränkten. Dies führte in einigen Ländern zu Produktionsrückgängen und Nahrungsmittelknappheit.

Sommer wurde von vielen als Held gefeiert, doch seine Methoden blieben nicht ohne Kritik. Ein ehemaliger Kollege schrieb in einem offenen Brief: „Wissenschaft basiert auf Vertrauen. Wenn wir anfangen, Daten zu manipulieren oder uns von Ideologien leiten zu lassen, verlieren wir unsere Glaubwürdigkeit." Tatsächlich begannen Journalisten und Forscher, Sommers Arbeiten genauer zu prüfen. Einige Studien wurden als „unhaltbar" entlarvt, was dem Ruf der gesamten Klimaforschung schadete.

Felix Sommer glaubte, im Dienst einer höheren Sache zu handeln, doch seine selektive Darstellung hatte Nebenwirkungen: Eine zunehmend polarisierte Gesellschaft, sinkendes Vertrauen in die Wissenschaft und politische Maßnahmen, die oft mehr Schaden als Nutzen brachten. Die Frage blieb offen: Kann ein „guter Zweck" moralisch rechtfertigen, die Wahrheit zu verzerren? Oder ist Ehrlichkeit die einzige Grundlage, auf der Wissenschaft und Gesellschaft bestehen können?

Wissenschaft als Grundlage moralischer Narrative

Wissenschaftliche Erkenntnisse spielen eine zentrale Rolle in der modernen Politik und Moral. Sie dienen dazu, moralische Ansprüche mit Fakten zu untermauern und politisches Handeln zu legitimieren.

• **Klimaforschung:** Wissenschaftliche Studien über den Klimawandel werden herangezogen, um strenge Maßnahmen zur Emissionsreduktion zu rechtfertigen.

• **Sozialwissenschaften:** Daten über soziale Ungleichheit oder Diskriminierung stützen Forderungen nach Umverteilung und Antidiskriminierungsmaßnahmen.

• **Gesundheitswissenschaften:** Während der COVID-19-Pandemie wurden wissenschaftliche Erkenntnisse genutzt, um Maßnahmen wie Lockdowns oder Impfpflichten zu begründen.

Diese Verbindung zwischen Wissenschaft und Moral hat zweifellos Vorteile, da sie evidenzbasierte Entscheidungen ermöglicht. Doch sie birgt auch Gefahren, wenn wissenschaftliche Erkenntnisse selektiv oder verzerrt genutzt werden, um moralische Agenden durchzusetzen.

Die Politisierung der Wissenschaft

In moralisch aufgeladenen Debatten wird Wissenschaft häufig politisiert. Dies zeigt sich in mehreren Bereichen:

1. **Selektive Interpretation:** Politische Akteure und Medien neigen dazu, wissenschaftliche Erkenntnisse herauszugreifen, die ihre moralischen Positionen unterstützen, während widersprüchliche Studien ignoriert werden.

2. **Forschungsschwerpunkte:** Politisch-moralische Narrative beeinflussen oft, welche Themen in der Wissenschaft gefördert und

finanziert werden. Forschung, die moralisch oder politisch unange-
nehm ist, wird manchmal vernachlässigt.

3.   **Wissenschaftler als Aktivisten:** Einige Wissenschaftler positionieren sich selbst als moralische Akteure und nutzen ihre Forschung, um bestimmte politische Ziele zu fördern. Dies kann ihre
Objektivität in Frage stellen.

Die Rolle der rot-grünen Moral

Die rot-grüne Moral hat die Wissenschaft in bestimmten Bereichen stark beeinflusst, insbesondere in der Klimaforschung, Sozial-
politik und Gesundheitsforschung. Während dies zu wichtigen Fort-
schritten geführt hat, sehen Kritiker auch Gefahren:

1.   **Klimaforschung:** Die grüne Moral hat den Klimawandel zu
einem zentralen Thema der Wissenschaft gemacht. Dies hat die Aufmerksamkeit auf dringend notwendige Probleme gelenkt, doch
manche argumentieren, dass andere Umweltprobleme – wie der
Verlust von Biodiversität oder die Verschmutzung von Gewässern –
dadurch vernachlässigt werden.

2.   **Sozialwissenschaften:** Die Betonung sozialer Gerechtigkeit
hat dazu geführt, dass Forschung zu Themen wie Ungleichheit und
Diskriminierung verstärkt gefördert wird. Kritiker warnen jedoch,
dass ideologische Perspektiven dabei manchmal wissenschaftliche
Neutralität gefährden können.

3.   **Gesundheit:** In der Pandemie wurden wissenschaftliche
Erkenntnisse oft als moralische Rechtfertigung für restriktive Maßnahmen genutzt. Dies führte zu Spannungen zwischen Befürwor-
tern von Maßnahmen und Kritikern, die ihre Freiheit eingeschränkt
sahen.

Herausforderungen für die Wissenschaft

Die Wissenschaft steht vor mehreren Herausforderungen, wenn
sie in moralisch-politische Debatten eingebunden wird:

1.   **Neutralität bewahren:** Wissenschaft sollte auf Fakten basieren, unabhängig von moralischen oder politischen Überzeugungen.
Dies wird jedoch schwieriger, wenn Wissenschaftler und Institutionen unter Druck stehen, sich zu gesellschaftlichen Themen zu positionieren.

2.   **Öffentliche Wahrnehmung:** Wissenschaft wird oft entweder idealisiert oder angezweifelt. Die zunehmende Politisierung kann dazu führen, dass wissenschaftliche Erkenntnisse als parteiisch wahrgenommen werden.

3.   **Interdisziplinarität:** Viele moralisch-politische Probleme – wie der Klimawandel oder soziale Ungleichheit – erfordern eine Zusammenarbeit zwischen verschiedenen Disziplinen. Doch diese Zusammenarbeit birgt das Risiko, dass komplexe Fragestellungen vereinfacht werden.

Wissenschaft und moralische Verantwortung

Trotz der Gefahren einer Politisierung hat die Wissenschaft auch eine moralische Verantwortung. Angesichts globaler Herausforderungen wie dem Klimawandel, Pandemien oder sozialer Ungleichheit kann sie nicht neutral bleiben. Doch diese Verantwortung erfordert ein sensibles Gleichgewicht: Wissenschaftler müssen einerseits auf Probleme hinweisen, andererseits ihre Objektivität bewahren.

Ansätze, um dieses Gleichgewicht zu erreichen:

•   **Transparenz:** Wissenschaftler sollten klarstellen, wo die Grenzen ihrer Forschung liegen und welche Unsicherheiten bestehen.

•   **Fakten und Werte trennen:** Wissenschaftliche Erkenntnisse sollten von den moralischen Bewertungen getrennt werden, die daraus gezogen werden.

•   **Offene Debatten fördern:** Die Wissenschaft sollte Räume schaffen, in denen unterschiedliche Perspektiven diskutiert werden können, ohne dass eine Seite moralisch verurteilt wird.

Die Verantwortung der Gesellschaft

Auch die Gesellschaft trägt eine Verantwortung, wissenschaftliche Erkenntnisse kritisch und differenziert zu betrachten. Bürger, Medien und politische Akteure sollten:

•   **Komplexität anerkennen:** Wissenschaftliche Probleme sind oft komplex und lassen sich nicht auf einfache moralische Urteile reduzieren.

- **Widersprüche akzeptieren:** Abweichende Studien oder Meinungen sind ein natürlicher Teil wissenschaftlicher Prozesse und sollten nicht sofort als Angriff auf moralische Werte interpretiert werden.

- **Wissenschaftliche Bildung fördern:** Eine informierte Öffentlichkeit ist weniger anfällig für die Instrumentalisierung wissenschaftlicher Erkenntnisse.

Die Wissenschaft bewegt sich im Spannungsfeld zwischen Neutralität und moralischer Verantwortung. Ihre Integration in moralische Debatten ist unvermeidlich, doch sie muss ihre Unabhängigkeit und Objektivität bewahren, um glaubwürdig zu bleiben.

Kapitel 21: Religiöse Werte im säkularen Kontext

Die moderne Gesellschaft ist zunehmend säkular geprägt. Religion, die über Jahrhunderte moralische Orientierung und gesellschaftlichen Zusammenhalt gewährleistet hat, hat ihre zentrale Rolle in den westlichen Demokratien weitgehend verloren. Doch religiöse Werte wie Nächstenliebe, Vergebung und Demut sind weiterhin präsent – sei es als kulturelle Hinterlassenschaft oder als Grundlage moralischer Debatten.

Der Kampf um die Werte der Gesellschaft"

In dem multikulturellen Stadtstaat A. lebten Menschen unterschiedlichster Herkunft und Überzeugungen Seite an Seite. Seit Jahrzehnten galt die Stadt als ein Modell für gelungene Integration und ein friedliches Zusammenleben von Religionsgemeinschaften und säkularen Bürgern. Doch unter der Oberfläche brodelten Spannungen, die eines Tages in einem heftigen Konflikt mündeten.

Der Konflikt begann, als die Verwaltung eine Verordnung verabschiedete, das auf Geschlechtergerechtigkeit abzielte. Es verpflichtete religiöse Schulen, gemischten Unterricht für Jungen und Mädchen anzubieten und die Teilnahme an Sport- und Sexualkundeunterricht für alle Schüler sicherzustellen. Die säkularen Politiker argumentierten, dass dies ein notwendiger Schritt sei, um die Rechte von Frauen zu stärken und Chancengleichheit zu schaffen.

Eine religiöse Schule, die von einer konservativen muslimischen Gemeinschaft betrieben wurde, weigerte sich, gemischte Schwimmunterrichtsstunden anzubieten. „Unsere Religion schreibt vor, dass Frauen und Männer getrennt bleiben sollen, um die Reinheit zu bewahren", erklärte der Schulleiter. Gleichzeitig kritisierte eine streng katholische Schule den Sexualkundeunterricht, der die Akzeptanz von LGBTQ+-Beziehungen lehrte, als „unvereinbar mit unseren Werten".

Während säkulare Gruppen die Verordnung als Fortschritt feierten, sahen viele religiöse Gemeinschaften darin einen Angriff auf ihre Glaubensfreiheit.

Die Spannungen eskalierten, als eine Allianz aus Vertretern verschiedener Religionsgruppen eine Protestbewegung gegen das Gesetz startete. Muslimische, christliche und jüdische Geistliche traten gemeinsam auf einer Pressekonferenz auf und erklärten: „Unsere religiösen Prinzipien sind keine Verhandlungsmasse. Wenn der Staat beginnt, uns vorzuschreiben, wie wir unsere Kinder erziehen, verlieren wir nicht nur unsere Freiheit, sondern unsere Identität."

In einer Großdemonstration vor dem Rathaus hielten protestierende Eltern Schilder hoch wie „Hände weg von unseren Werten!" und „Glaubensfreiheit ist nicht verhandelbar!". Besonders laut wurden die Stimmen konservativer Geistlicher, die vor einer „Diktatur des Säkularismus" warnten.

Auf der anderen Seite standen säkulare Bürger, Aktivisten und Politiker, die das Gesetz als notwendig erachteten, um Diskriminierung zu bekämpfen und eine moderne Gesellschaft zu fördern. „Glaubensfreiheit endet dort, wo sie die Freiheit anderer einschränkt", sagte die Bürgermeisterin in einem Fernsehinterview. Sie betonte, dass Kinder ein Recht auf Bildung hätten, die nicht durch religiöse Dogmen eingeschränkt werde.

In sozialen Medien zirkulierten Videos von säkularen Aktivisten, die die Praktiken religiöser Schulen anprangerten, etwa das Verbot von Sportkleidung für Mädchen oder die Verpflichtung, Kopftücher zu tragen. Diese Beiträge erhielten viel Unterstützung, führten jedoch auch zu wütenden Gegenreaktionen von Gläubigen, die sich diffamiert fühlten.

Der Konflikt wurde besonders deutlich im Fall von Amina und Lukas, zwei Kindern aus religiösen Familien. Amina, eine 12-jährige Muslimin, war von ihren Eltern von der Teilnahme am Schwimmunterricht befreit worden. Ihre Lehrerin meldete den Fall der Schulbehörde, die daraufhin die Eltern mit einer Geldstrafe belegte. „Meine Tochter wird unsere Werte nicht für ein modernes Gesetz opfern", sagte Aminas Vater empört.

Lukas hingegen, ein Schüler einer katholischen Schule, wurde gezwungen, am Sexualkundeunterricht teilzunehmen. Seine Eltern protestierten mit der Begründung, dass die Inhalte „moralisch verwerflich" seien. „Warum sollte mein Sohn lernen, dass traditionelle Familienmodelle veraltet sind?" fragte Lukas' Mutter in einem Fernsehinterview.

Die Lage spitzte sich zu, als radikale Aktivisten einer religiösen Gruppierung während einer Protestkundgebung das Rathaus stürmten. Mit Slogans wie „Gott über Demokratie!" und „Unsere Kinder, unsere Regeln!" versuchten sie, die Gesetzgeber einzuschüchtern. Die Polizei griff ein, und es kam zu gewaltsamen Zusammenstößen. Videos von den Ereignissen gingen viral und polarisierten die Gesellschaft noch weiter.

Um die Wogen zu glätten, organisierte die Stadtverwaltung einen interreligiösen Dialog mit Vertretern der säkularen Gruppen. Ziel war es, eine Lösung zu finden, die sowohl die Rechte der Kinder als auch die religiöse Freiheit respektierte. Doch der Dialog verlief schwierig.

Ein säkularer Vertreter schlug vor, dass religiöse Schulen zumindest alternative Unterrichtsmodelle anbieten könnten, etwa getrennte Sportstunden für Mädchen und Jungen. Doch ein orthodoxer Rabbiner antwortete: „Das ist keine Kompromisslösung. Es ist ein Angriff auf unsere Tradition."

Am Ende setzte die Verwaltung das Gesetz durch, trotz der Proteste. Einige religiöse Schulen schlossen ihre Türen, während säkulare Gruppen die Durchsetzung als Sieg der Moderne feierten. Doch die gesellschaftliche Spaltung blieb. Während viele Menschen die Stärkung der Gleichberechtigung bejubelten, fühlten sich religiöse Gruppen marginalisiert und entfremdet.

Der Konflikt in Stadtstaat A. war ein Symbol für ein größeres Problem: die schwierige Balance zwischen individuellen Moralvorstellungen, religiöser Freiheit und den Prinzipien einer demokratischen, säkularen Gesellschaft. Die Frage, wie weit der Staat in die religiösen und kulturellen Praktiken seiner Bürger eingreifen darf, blieb ungelöst – und der Kampf um Werte und Freiheit ging weiter.

Der Bedeutungsverlust der Religion

Der Prozess der Säkularisierung hat dazu geführt, dass Religion als moralische Instanz zunehmend an Bedeutung verliert. Wissenschaft, Politik und säkulare Philosophien haben die Rolle übernommen, die früher den Kirchen zukam: die Definition moralischer Normen und die Vermittlung von Werten.

Gründe für diesen Bedeutungsverlust sind:

1. **Wissenschaftlicher Fortschritt:** Naturwissenschaftliche Erklärungsmodelle haben religiöse Deutungen vieler Phänomene ersetzt.

2. **Pluralismus:** In einer multikulturellen Gesellschaft gibt es keine einheitliche religiöse Basis mehr.

3. **Individuelle Autonomie:** Moderne Gesellschaften betonen die Freiheit des Einzelnen, moralische Entscheidungen unabhängig von dogmatischen Vorgaben zu treffen.

Dennoch bleibt Religion für viele Menschen eine wichtige persönliche Orientierung. Besonders in Krisenzeiten greifen Menschen oft auf religiöse Werte zurück, um moralische Fragen zu beantworten.

Religiöse Werte und ihre säkulare Weiterführung

Viele zentrale Werte moderner Gesellschaften haben ihren Ursprung in religiösen Traditionen. Beispiele:

• **Nächstenliebe:** Die christliche Idee der Agape prägt bis heute soziale Bewegungen und den Wohlfahrtsstaat.

• **Vergebung:** Der Wert, Konflikte durch Vergebung und Versöhnung zu lösen, findet sich in religiösen wie säkularen Kontexten.

• **Demut:** Auch wenn die moderne Gesellschaft oft Individualismus und Erfolg betont, bleibt Demut ein geschätzter Wert in sozialen Beziehungen.

Diese Werte wurden jedoch säkularisiert und sind nicht mehr zwingend an religiöse Vorstellungen gebunden. Sie werden nun oft durch humanistische oder philosophische Konzepte begründet.

Konflikte zwischen religiösen und säkularen Moralvorstellungen

In einer säkularen Gesellschaft entstehen Konflikte, wenn religiöse Werte mit säkularen Normen kollidieren. Beispiele:

1. **Abtreibung:** Religiöse Überzeugungen, die das Leben von der Empfängnis an schützen wollen, stehen säkularen Vorstellungen von Selbstbestimmung der Frau gegenüber.

2. **Ehe für alle:** Traditionelle religiöse Ansichten über Ehe und Familie geraten in Konflikt mit modernen Auffassungen von Gleichberechtigung und sexueller Vielfalt.

3. **Sterbehilfe:** Die christliche Betonung der Heiligkeit des Lebens steht der säkularen Idee entgegen, dass Menschen über ihr Lebensende selbst bestimmen dürfen.

Diese Konflikte zeigen, dass religiöse Werte in einer pluralistischen Gesellschaft nicht mehr allgemein verbindlich sind.

Die Rolle der rot-grünen Moral im Umgang mit Religion

Rot-grüne Parteien betonen oft säkulare Werte wie Gleichheit, Autonomie und Menschenrechte. Gleichzeitig übernehmen sie Elemente religiöser Ethik, etwa die Verpflichtung zur Fürsorge für Schwächere oder die Verantwortung für die Schöpfung (in Form von Klimaschutz).

Allerdings stehen rot-grüne Parteien religiösen Institutionen oft kritisch gegenüber, insbesondere wenn diese als konservativ oder diskriminierend wahrgenommen werden. Religiöse Werte werden akzeptiert, solange sie mit den Prinzipien der Gleichheit und der individuellen Freiheit vereinbar sind.

Kann Religion in der säkularen Gesellschaft bestehen?

Die zentrale Frage ist, ob Religion weiterhin eine Rolle in einer weitgehend säkularen Gesellschaft spielen kann – und wenn ja, welche.

1. **Religion als persönliche Orientierung:** Für viele Menschen bleibt Religion ein zentraler Bestandteil ihrer Identität und Moral. Sie bietet Antworten auf Fragen, die säkulare Systeme oft nicht

beantworten können, etwa den Sinn des Lebens oder die Bewältigung von Leid.

2.   **Religion als kulturelles Erbe:** Selbst säkulare Gesellschaften greifen oft auf religiöse Traditionen zurück, etwa in Form von Feiertagen, Symbolen oder Ritualen.

3.   **Religion als Dialogpartner:** In pluralistischen Gesellschaften kann Religion einen wertvollen Beitrag zu moralischen Debatten leisten, solange sie nicht dogmatisch auftritt.

Herausforderungen und Chancen

Die Integration religiöser Werte in eine säkulare Gesellschaft birgt Herausforderungen, aber auch Chancen:

1.   **Herausforderung:** Die Abgrenzung zwischen privater Religionsausübung und öffentlicher Moral bleibt ein sensibles Thema.

2.   **Chance:** Religiöse Werte können dazu beitragen, moralische Vielfalt und Reflexion zu fördern, wenn sie als Teil eines offenen Dialogs betrachtet werden.

Religiöse Werte haben in der säkularen Gesellschaft ihren festen Platz – nicht als dogmatische Vorgaben, sondern als kulturelle und ethische Ressourcen. Im nächsten Kapitel widmen wir uns der Psychologie der Moral und fragen, wie Gefühle wie Schuld, Scham und Verantwortung unsere moralischen Urteile beeinflussen und wie diese Mechanismen in politisch-moralischen Debatten genutzt werden.

Kapitel 22: Die Psychologie der Moral – Von Schuld, Scham und Verantwortung

Moralische Entscheidungen sind nicht nur das Ergebnis rationaler Überlegungen, sondern tief in der menschlichen Psyche verwurzelt. Gefühle wie Schuld, Scham und Verantwortung spielen eine zentrale Rolle bei der Bildung und Durchsetzung moralischer Normen.

Die emotionale Grundlage der Moral

Die Psychologie der Moral zeigt, dass moralische Urteile oft intuitiv und emotional getroffen werden, bevor sie rational begründet werden. Jonathan Haidt, ein führender Forscher auf diesem Gebiet, argumentiert, dass moralische Urteile eher aus emotionalen Intuitionen als aus bewussten Überlegungen entstehen. Gefühle wie Schuld und Scham sind dabei zentrale Triebkräfte, die Menschen dazu bringen, sich an moralische Normen zu halten.

• **Schuld:** Schuld entsteht, wenn Menschen das Gefühl haben, gegen ihre eigenen moralischen Standards verstoßen zu haben. Sie motiviert dazu, Fehler wiedergutzumachen oder Verhalten zu ändern.

• **Scham:** Scham tritt auf, wenn die eigenen moralischen Verfehlungen öffentlich sichtbar werden. Im Gegensatz zur Schuld, die auf innere Werte verweist, basiert Scham auf der Wahrnehmung durch andere.

• **Verantwortung:** Das Gefühl der Verantwortung ist ein positiver moralischer Antrieb, der Menschen dazu bewegt, ihre Pflichten zu erfüllen und für die Konsequenzen ihres Handelns einzustehen.

Diese Emotionen waren historisch überlebenswichtig, da sie den Zusammenhalt in Gruppen förderten und kooperatives Verhalten stärkten. Sie bilden auch heute noch die Grundlage für moralische Systeme.

Die Nutzung von Schuld und Scham in der Politik

Moderne Gesellschaften haben gelernt, Gefühle wie Schuld und Scham gezielt einzusetzen, um moralische Normen durchzusetzen. In der Politik und den Medien sind diese Mechanismen besonders wirkungsvoll.

1. **Klimawandel und Schuld:** Die grüne Bewegung nutzt das Konzept der kollektiven Schuld, um Menschen zum Handeln zu motivieren. Aussagen wie „Wir alle tragen Verantwortung für den Klimawandel" erzeugen ein Gefühl von persönlicher Schuld, das nachhaltiges Verhalten fördern soll. Dieser moralische Druck ist effektiv, kann aber auch Widerstand hervorrufen, wenn Menschen sich überfordert fühlen.

2. **Soziale Gerechtigkeit und Scham:** Die rote Moral betont oft die Verantwortung der Wohlhabenden, zur Beseitigung sozialer Ungleichheit beizutragen. Öffentlichkeitswirksame Kampagnen, die Reichtum oder unternehmerischen Erfolg als unmoralisch darstellen, zielen darauf ab, Schamgefühle auszulösen. Kritiker sehen darin jedoch eine Stigmatisierung, die den gesellschaftlichen Dialog erschwert.

3. **Verantwortung und Solidarität:** Politische Akteure appellieren regelmäßig an das Verantwortungsgefühl der Bürger, sei es im Kontext von Steuern, Migration oder Pandemiemaßnahmen. Solche Appelle können positive Verhaltensänderungen bewirken, aber auch Misstrauen hervorrufen, wenn die Verantwortung als einseitig wahrgenommen wird.

Die historische Entwicklung moralischer Emotionen

Die Evolution von Schuld, Scham und Verantwortung ist eng mit der Entwicklung sozialer Gemeinschaften verbunden. In kleinen Stammesgesellschaften waren diese Emotionen überlebenswichtig, um die Kooperation zu sichern und Konflikte zu minimieren.

Mit der Ausbreitung von Religionen erhielten diese Emotionen eine neue Dimension:

• **Schuld wurde als Sünde interpretiert** und in religiöse Rituale integriert.

- **Scham wurde mit Ehrvorstellungen** verknüpft, die in traditionellen Gesellschaften zentral waren.
- **Verantwortung wurde im Rahmen religiöser Ethiken** betont, die Pflichten gegenüber Gott und Mitmenschen hervorhoben.

In der säkularen Moderne haben sich diese Emotionen weitgehend von ihrem religiösen Kontext gelöst, sind jedoch weiterhin tief in unserer Psyche verankert.

Moralische Emotionen in der heutigen Gesellschaft

In einer zunehmend individualistischen Gesellschaft stehen Schuld, Scham und Verantwortung unter neuen Vorzeichen:

- **Schuld:** In der modernen Welt wird Schuld häufig individualisiert. Menschen fühlen sich für ihre eigenen Entscheidungen verantwortlich, aber auch für kollektive Probleme wie Umweltzerstörung oder soziale Ungleichheit.
- **Scham:** Scham hat durch die sozialen Medien eine neue Dimension erhalten. Öffentliche Bloßstellung – etwa durch „Shitstorms" – kann enormen sozialen Druck erzeugen.
- **Verantwortung:** Verantwortung wird oft betont, aber auch kritisch hinterfragt. Menschen fragen sich zunehmend, ob die von ihnen geforderte Verantwortung gerecht verteilt ist.

Chancen und Risiken moralischer Emotionen

Gefühle wie Schuld und Scham können positive Veränderungen bewirken, bergen aber auch Gefahren:

- **Positive Wirkung:** Sie motivieren Menschen, sich an moralische Normen zu halten und Verantwortung für andere zu übernehmen. Sie können auch gesellschaftlichen Wandel fördern, etwa in der Klimabewegung oder der Bekämpfung von Diskriminierung.
- **Negative Wirkung:** Übermäßige Schuldgefühle können zu Resignation oder innerem Widerstand führen. Öffentliche Beschämung kann Konflikte verschärfen, anstatt sie zu lösen.

Strategien für einen konstruktiven Umgang

Ein bewusster Umgang mit moralischen Emotionen kann dazu beitragen, ihre positiven Effekte zu maximieren und negative Folgen zu minimieren.

1. **Reflexion fördern:** Menschen sollten ermutigt werden, ihre Schuld- und Schamgefühle kritisch zu hinterfragen und nicht ungeprüft zu akzeptieren.

2. **Verantwortung differenziert betrachten:** Verantwortung sollte fair verteilt werden, ohne bestimmte Gruppen zu überfordern oder zu stigmatisieren.

3. **Konstruktiver Umgang mit Scham:** Statt öffentlicher Bloßstellung sollte Scham als Anstoß für Selbstreflexion genutzt werden.

Die Psychologie der Moral zeigt, dass Gefühle wie Schuld, Scham und Verantwortung tief in uns verwurzelt sind und unsere moralischen Entscheidungen maßgeblich beeinflussen.

Kapitel 23: Moral und Macht – Wer definiert das Gute?

Die Definition von Gut und Böse ist niemals neutral. Sie ist stets das Ergebnis von Machtstrukturen, die moralische Normen festlegen und durchsetzen. Dieses Kapitel untersucht, wie Moral und Macht miteinander verflochten sind, welche Akteure die moralischen Narrative unserer Zeit bestimmen und wie diese Macht genutzt – oder missbraucht – wird. Außerdem fragen wir, wie eine Gesellschaft mit dem Spannungsfeld zwischen moralischer Orientierung und Machtanspruch umgehen kann.

Die Verbindung von Moral und Macht

Friedrich Nietzsche betonte in seinen Schriften, dass Moral ein Werkzeug der Mächtigen ist, um ihre Herrschaft zu sichern. Moralische Normen seien oft keine universellen Wahrheiten, sondern das Ergebnis historischer Kämpfe um Einfluss und Kontrolle.

•   **Herrenmoral:** Nietzsche sah die ursprüngliche Moral als Ausdruck der Starken, die ihre Werte – Stärke, Mut, Stolz – als „gut" definierten.

•   **Sklavenmoral:** Die Schwachen, so Nietzsche, entwickelten als Gegenentwurf eine Moral des Mitgefühls und der Demut, um die Macht der Starken zu untergraben.

In der modernen Welt zeigt sich dieses Machtspiel in neuen Formen, etwa durch politische Ideologien, Medien und Institutionen, die moralische Narrative prägen und verbreiten.

Akteure der moralischen Macht

Die Definition dessen, was als „gut" oder „böse" gilt, liegt in den Händen mächtiger Akteure. Diese Akteure nutzen ihre Position, um moralische Normen zu schaffen und durchzusetzen.

1.   **Politische Parteien:** Parteien wie die Grünen und die SPD stellen sich als moralische Instanzen dar, die ökologische Verantwortung und soziale Gerechtigkeit vertreten. Ihre moralischen Narrative

definieren, welche Themen als prioritär gelten und wie Gesellschaften auf Herausforderungen reagieren sollen.

2. **Medien:** Die Medien haben eine enorme Macht, moralische Narrative zu verstärken oder zu hinterfragen. Durch die Auswahl und Darstellung von Themen formen sie die moralischen Vorstellungen der Gesellschaft.

3. **Wirtschaft:** Unternehmen und Konzerne positionieren sich zunehmend als moralische Akteure. Mit Strategien wie Corporate Social Responsibility (CSR) präsentieren sie sich als Vorbilder für Nachhaltigkeit und soziale Verantwortung.

4. **Internationale Organisationen:** Institutionen wie die Vereinten Nationen oder NGOs wie Greenpeace agieren als globale moralische Instanzen, die universelle Werte wie Menschenrechte oder Umweltschutz propagieren.

5. **Individuen:** Influencer, Aktivisten und prominente Persönlichkeiten nutzen soziale Medien, um moralische Themen voranzutreiben und Menschen zu mobilisieren. Sie fungieren oft als moralische Vorbilder oder Leitfiguren.

Moral als Werkzeug der Kontrolle

Die Macht, moralische Normen zu definieren, bietet immense Kontrolle. Indem sie bestimmen, was als „gut" oder „böse" gilt, können Akteure gesellschaftliches Verhalten steuern. Dies zeigt sich in verschiedenen Bereichen:

• **Ökologische Moral:** Die grüne Bewegung nutzt moralische Argumente, um Verhaltensänderungen zu fördern, etwa durch Verzicht auf Plastik, Fleisch oder fossile Energien.

• **Soziale Gerechtigkeit:** Die rote Moral fordert von Wohlhabenden, durch Steuern und Spenden einen größeren Beitrag zur Gesellschaft zu leisten.

• **Technologische Kontrolle:** Unternehmen wie Google oder Facebook beeinflussen durch Algorithmen, welche moralischen Narrative sichtbar sind und welche nicht.

Doch diese Kontrolle birgt Risiken: Sie kann zur Unterdrückung abweichender Meinungen und zur Verstärkung bestehender Machtstrukturen führen.

Widerstand gegen moralische Macht

Nicht jeder akzeptiert die moralischen Narrative, die von mächtigen Akteuren propagiert werden. Widerstand gegen moralische Macht äußert sich auf verschiedene Weisen:

1. **Kritik und Protest:** Bewegungen wie Fridays for Future oder Gegenbewegungen wie die „Gelbwesten" zeigen, wie unterschiedliche Gruppen moralische Normen infrage stellen oder neu definieren.

2. **Alternative Narrative:** Intellektuelle, Künstler und Wissenschaftler entwickeln alternative moralische Perspektiven, die den Diskurs bereichern.

3. **Individuelle Freiheit:** Viele Menschen betonen ihre persönliche Verantwortung und lehnen kollektive moralische Normen ab, die sie als Bevormundung empfinden.

Machtmissbrauch und moralische Hybris

Die Gefahr moralischer Macht liegt im Missbrauch. Wenn Akteure ihre Werte als absolut darstellen, ohne Raum für Kritik oder Diskussion zu lassen, entsteht moralische Hybris. Beispiele:

• **Politische Dogmen:** Maßnahmen, die im Namen der Moral als „alternativlos" dargestellt werden, können zur Einschränkung von Freiheitsrechten führen.

• **Soziale Ausgrenzung:** Menschen, die nicht den vorherrschenden moralischen Normen entsprechen, werden oft stigmatisiert oder ausgeschlossen.

• **Überwachung:** Moralische Argumente rechtfertigen oft weitreichende Überwachungsmaßnahmen, etwa im Namen der Sicherheit oder des Umweltschutzes.

Wie können Gesellschaften Macht und Moral in Balance halten?

Eine gesunde Gesellschaft muss die Verbindung von Macht und Moral kritisch hinterfragen und Mechanismen entwickeln, um Missbrauch zu verhindern. Ansätze könnten sein:

1. **Transparenz:** Mächtige Akteure sollten offenlegen, wie und warum sie moralische Narrative fördern.

2.   **Pluralismus:** Moralische Vielfalt sollte gefördert werden, um den Diskurs offen und lebendig zu halten.

3.   **Demokratische Kontrolle:** Institutionen, die moralische Macht ausüben, sollten demokratisch legitimiert und kontrolliert werden.

4.   **Bildung:** Bürger sollten befähigt werden, moralische Narrative zu analysieren und selbstständig zu bewerten.

Moral als fortlaufender Diskurs

Moral und Macht sind untrennbar miteinander verbunden. Wer das „Gute" definiert, hat Einfluss auf die Gesellschaft – doch dieser Einfluss muss verantwortungsvoll genutzt werden. Die Frage, wer in einer pluralistischen und demokratischen Welt über Gut und Böse entscheidet, bleibt eine der zentralen Herausforderungen unserer Zeit.

Kapitel 24: Jenseits der Kontrolle – Eine neue Ethik der Verantwortung

Die Sonne ging hinter den Hochhäusern unter, als Jonas Gabriel Falkner sich mit einer Tasse Tee an seinen Schreibtisch setzte. Vor ihm lagen die Notizen, die er in den letzten Monaten gesammelt hatte. Er hatte die Mechanismen der Kontrolle, die Rolle von Schuld und Scham, die Abgrenzung durch Moral und die Illusion von absoluter Wahrheit untersucht. Doch nun stand er vor einer entscheidenden Frage: Was könnte anstelle dieser Systeme treten? Wie könnte eine Ethik aussehen, die nicht auf Kontrolle, sondern auf Freiheit und Verantwortung beruhte?

Die Freiheit, moralisch zu sein

Jonas begann damit, die Idee der Freiheit neu zu definieren. Freiheit bedeutete für ihn nicht die Abwesenheit von Regeln, sondern die Fähigkeit, diese Regeln bewusst zu wählen. Eine Ethik der Verantwortung, so schrieb er in sein Tagebuch, müsse darauf basieren, dass Menschen ihre moralischen Prinzipien nicht einfach übernehmen, sondern sie kritisch reflektieren.

Er erinnerte sich an die Worte eines Dozenten, der einmal gesagt hatte: „Freiheit ist die Fähigkeit, sich selbst Gesetze zu geben." Diese Vorstellung passte zu Jonas' Vision. Eine neue Ethik müsste den Menschen dazu ermutigen, Verantwortung für seine Entscheidungen zu übernehmen, anstatt diese Verantwortung an Institutionen oder göttliche Gebote abzugeben.

Die Grundlage: Empathie und Vernunft

Jonas beschloss, Empathie und Vernunft als Kern einer neuen Ethik zu betrachten. Empathie, so glaubte er, war der Schlüssel, um moralische Entscheidungen zu treffen, die das Wohl anderer Menschen berücksichtigten. Sie erlaubte es, über die eigenen Interessen hinauszublicken und die Perspektiven anderer einzunehmen.

Doch Empathie allein reichte nicht aus. Jonas sah in der Vernunft ein ergänzendes Prinzip, das emotionale Impulse in eine rationale Ethik überführen konnte. Vernunft bedeutete, die Konsequenzen des eigenen Handelns abzuwägen und universelle Prinzipien zu formulieren, die auf Fairness und Gerechtigkeit basierten.

„Empathie zeigt uns, was andere fühlen", schrieb Jonas. „Vernunft zeigt uns, wie wir handeln sollten."

Die Herausforderung der Verantwortung

Eine Ethik der Verantwortung war jedoch kein einfacher Weg. Jonas erkannte, dass sie den Menschen vor eine große Herausforderung stellte: Sie verlangte, dass jeder Einzelne Verantwortung für seine Entscheidungen und deren Konsequenzen übernahm. Es gab keine göttliche Instanz, auf die man die Schuld schieben konnte, und keine absoluten Regeln, die als einfache Antworten dienten.

Diese Verantwortung konnte überwältigend sein, doch Jonas sah darin auch eine große Chance. Sie erlaubte es den Menschen, moralische Autonomie zu entwickeln und ihre Werte auf echte Überzeugung zu gründen, statt auf blindem Gehorsam.

Praktische Prinzipien einer Ethik der Verantwortung

Jonas entwickelte einige Grundsätze, die seiner Meinung nach die Grundlage für eine solche Ethik bilden könnten:

1.   **Respekt vor der Würde jedes Menschen:** Jede Entscheidung sollte das Wohlergehen und die Freiheit anderer respektieren.

2.   **Reflexion und Lernbereitschaft:** Moralische Prinzipien sollten nicht starr sein, sondern regelmäßig hinterfragt und angepasst werden.

3.   **Universelles Denken:** Entscheidungen sollten so getroffen werden, dass sie für alle gelten könnten – eine säkulare Interpretation des kategorischen Imperativs.

4.   **Empathie als Ausgangspunkt:** Moralische Urteile sollten von einem Verständnis für die Gefühle und Bedürfnisse anderer ausgehen.

5.   **Verantwortung für die Konsequenzen:** Menschen sollten bereit sein, die Ergebnisse ihrer Entscheidungen zu tragen und daraus zu lernen.

Ein Experiment im Alltag

Jonas beschloss, diese Prinzipien in seinem eigenen Leben anzuwenden. Er begann, bewusster über seine täglichen Entscheidungen nachzudenken. Wenn er jemanden kritisierte, fragte er sich, ob er die Gefühle der anderen Person berücksichtigt hatte. Wenn er eine Wahl traf, die andere betraf, überlegte er, wie sie davon beeinflusst würden.

Dieser Prozess war nicht immer einfach. Es gab Momente, in denen Jonas unsicher war, ob er die richtige Entscheidung traf. Doch er spürte auch, dass diese Unsicherheit Teil der Verantwortung war – und dass sie ihn dazu brachte, bewusster und mitfühlender zu handeln.

Die Hoffnung auf eine neue Ethik

Jonas glaubte, dass eine Ethik der Verantwortung nicht nur für Individuen, sondern auch für Gemeinschaften und Gesellschaften möglich war. Sie könnte ein Weg sein, die Konflikte zu überwinden, die durch starre moralische Systeme entstanden waren, und neue Formen des Zusammenlebens zu schaffen.

Er stellte sich vor, wie eine Welt aussehen könnte, in der Menschen nicht durch Angst und Schuld, sondern durch Empathie und Vernunft geleitet wurden. Es wäre eine Welt, in der moralische Prinzipien nicht von oben aufgezwungen, sondern gemeinsam entwickelt würden.

Am Ende seiner Notizen schrieb Jonas: „Moral sollte uns nicht binden, sondern befreien. Sie sollte nicht dazu dienen, Macht auszuüben, sondern Verantwortung zu fördern. Vielleicht ist dies die größte Herausforderung – und die größte Chance – für uns alle."

Schlusswort: Gut und Böse – Eine Balance finden

Die Begriffe Gut und Böse begleiten die Menschheit seit ihren Anfängen. Sie sind mehr als bloße Kategorien für moralisches Handeln – sie sind Spiegel unserer Werte, unserer Ängste und Hoffnungen. Doch wie dieses Buch gezeigt hat, sind sie nicht universell oder zeitlos, sondern stets das Ergebnis gesellschaftlicher und historischer Prozesse.

In unserer heutigen Welt, geprägt von rot-grünen Moralansprüchen, globalen Herausforderungen wie dem Klimawandel, sozialer Ungleichheit und politischer Polarisierung, werden Gut und Böse neu verhandelt. Diese Auseinandersetzung ist notwendig, aber sie birgt auch Gefahren: Moralische Dogmen können Freiheit und Vielfalt einschränken, Macht kann sich hinter moralischen Argumenten verstecken, und die Komplexität unserer Welt wird allzu oft durch vereinfachte moralische Narrative verschleiert.

Die Kernbotschaften dieses Buches

1. **Moral ist flexibel:** Gut und Böse sind keine absoluten Größen, sondern Ausdruck von Machtverhältnissen, kulturellen Traditionen und individuellen Perspektiven.

2. **Moral hat Macht:** Moralische Normen werden genutzt, um Verhalten zu steuern, Gesellschaften zu gestalten und politische Ziele zu erreichen – oft mit ambivalenten Folgen.

3. **Moral braucht Balance:** Die Balance zwischen individuellen Freiheiten und kollektiven Werten ist entscheidend. Weder absolute Gleichheit noch absolute Freiheit sind erreichbar, aber ihr Spannungsfeld kann konstruktiv gestaltet werden.

4. **Moral erfordert Reflexion:** Um moralischen Druck, Polarisierung und Machtmissbrauch zu vermeiden, müssen wir unsere moralischen Urteile kritisch hinterfragen und offen für unterschiedliche Perspektiven bleiben.

Der Weg nach vorne

Die zentralen Fragen, die sich aus der Diskussion um Gut und Böse ergeben, lauten:

• Wer entscheidet, was gut und böse ist?

• Wie können wir verhindern, dass Moral zur Waffe gegen Andersdenkende wird?

• Welche Rolle spielt der Einzelne in der Aushandlung moralischer Normen?

Die Antworten auf diese Fragen können nicht in einem Buch gegeben werden, sondern erfordern einen stetigen gesellschaftlichen Dialog. Wir müssen bereit sein, unsere Werte zu hinterfragen, Machtstrukturen zu analysieren und den Mut aufzubringen, auch unbequeme Wahrheiten zu akzeptieren.

Moralische Diskussionen sind oft hitzig und emotional – und das ist verständlich, da sie unsere tiefsten Überzeugungen betreffen. Doch gerade deshalb ist es wichtig, einen Dialog zu führen, der von Respekt, Offenheit und Neugier geprägt ist. Wir müssen lernen, moralische Unterschiede nicht als Bedrohung, sondern als Bereicherung zu sehen.

Nur durch diesen Dialog können wir eine Gesellschaft gestalten, die die Vielfalt menschlicher Werte anerkennt und dennoch gemeinsame Ziele verfolgt. Eine Gesellschaft, die nicht in starre Kategorien von Gut und Böse zerfällt, sondern eine Balance findet, die Freiheit, Verantwortung und Gerechtigkeit vereint.